Powerpoint 2016

저자 장미희

전북대학교 컴퓨터공학 박사 수료하고 교육컨텐츠연구소 '이룸' 대표와 강사지원교육협동
조합 '와있는 미래' 이사장을 맡고 있습니다. IT 교육컨텐츠개발과 교재 출판, ICT와 관련
한 지자체에 정보위원 등으로 활동하며 각 대학 및 기업, 기관, 지자체 등에서 강의를 하
고 있습니다.

➜ 블로그 changmihee.com과 유튜브 채널 '장미희의 디지털랩'을 운영하고 있습니다.

저서

- MOS 2003 WORD EXPERT 동영상 강의 개발
- (이한출판사) MOS 2003 WORD EXPERT 전북대학교 국공립협의회
- (이한출판사) MOS 따라잡기 MS-WORD 2007, MS-POWERPOINT 2007
- 여름커뮤니케이션 퍼스널 클라우드 컴퓨팅 웹오피스활용 전략
- (교학사) ITQ 2007 한글, 엑셀, 파워포인트
- (교학사) ITQ 2016 엑셀, 파워포인트
- (교학사) New My Love 엑셀 2016, 파워포인트 2016
- (교학사) OK! Click 한글, 파워포인트, 엑셀
- (교학사) OK! Click 나만의 동영상 제작하기, 내 동영상으로 유튜버되기

ITQ Powerpoint 2016

목차 PowerPoint 2016

01 예제파일 다운로드 안내

01 인터넷 익스플로러 또는 크롬 브라우저의 주소 입력 창에 "itbook.kyohak.co.kr/itq2016/"을 입력한 후 **Enter** 를 누릅니다. 이 교재는 크롬 브라우저를 이용한 방법을 설명합니다.

02 [ITQ 2016 예제파일 다운로드하기] 웹 페이지가 나타납니다. [다운로드 클릭]버튼을 클릭합니다.

03 [다운로드 클릭] 버튼을 클릭하면 브라우저 아래에 압축파일이 다운로드됩니다. 다운로드가 완료되면 목록 단추를 클릭하여 [폴더 열기]를 클릭합니다.

→ 크롬 브라우저에서 다운로드 받은 파일은 [내 PC]-[다운로드] 폴더에 자동으로 저장됩니다.

04 [다운로드] 폴더에 다운로드 받은 예제파일이 저장되어 있습니다. 압축파일이므로 압축을 풀어야 사용 가능합니다. 압축파일을 바탕화면으로 드래그하여 이동한 후 압축 프로그램을 이용하여 파일 압축을 풀어줍니다.

→ 압축파일을 풀기 전에 먼저, 압축 프로그램을 설치해야 합니다. 압축 프로그램은 포털 사이트(다음 또는 네이버)에서 '압축 프로그램'으로 검색한 후, 설치할 수 있습니다.

02 ITQ 파워포인트 시험안내

→ ITQ 시험 과목

자격 종목	등급	시험S/W	공식 버전	시험 방식
아래한글	A/B/C등급	한컴오피스	2016 버전	PBT
한셀				
한쇼				
MS워드		MS오피스		
한글엑셀				
한글엑세스				
한글파워포인트				
인터넷		인터넷 익스플로러 8이상		

※한셀-한글엑셀, 한쇼-한글파워포인트는 동일 과목군임(자격증에는 "한글엑셀(한셀)", "한글파워포인트(한쇼)"로 표기).
※PBT(Paper Based Testing) : 시험지를 통해 문제를 해결하는 시험 방식

→ 시험 배점, 문항 및 시험 시간

시험 배점	문항 및 시험 방법	시험 시간
과목당 500점	5~10문항 실무 작업형 실기 시험	과목당 60분

→ 응시료

1과목	2과목	3과목	인터넷 결제 수수료
20,000원	38,000원	54,000원	개인 : 1,000원(단체 : 없음)

→ 검정 기준

A등급	B등급	C등급
400점 ~ 500점	300점 ~ 399점	200점 ~ 299점

→ 시험 배점, 문항 및 시험 시간

등급	점수	수준
A등급	400점 ~ 500점	주어진 과제의 80%~100%를 정확히 해결할 수 있는 능력
B등급	300점 ~ 399점	주어진 과제의 60%~79%를 정확히 해결할 수 있는 능력
C등급	200점 ~ 299점	주어진 과제의 40%~59%를 정확히 해결할 수 있는 능력

03 ITQ 파워포인트 출제기준

검정과목	문항	배점	출제기준
한글 파워포인트 - 한쇼	전체구성	60점	※ 전체 슬라이드 구성 내용을 평가 • 슬라이드 크기, 슬라이드 개수 및 순서, 슬라이드 번호, 그림 편집, 슬라이드 마스터 등 전체적인 구성 내용 평가
	1. 표지 디자인	40점	※ 도형과 그림 표지 디자인 작성 능력 평가 • 도형 삽입과 채우기 및 투명도 • 워드아트 • 그림 편집
	2. 목차 슬라이드	60점	※ 목차에 따른 하이퍼링크와 도형, 그림 배치 능력을 평가 • 도형 편집 및 효과 • 하이퍼 링크 • 그림 자르기 및 배치
	3. 텍스트/ 동영상 슬라이드	60점	※ 텍스트와 동영상의 조화로운 배치 능력 평가 • 텍스트 편집 / 목록수준 조절 / 글머리기호 / 내어쓰기 • 동영상 삽입과 편집
	4. 표 슬라이드	80점	※ 표 작성 능력 평가 • 표 삽입 및 편집 • 도형 편집 및 효과
	5. 차트 슬라이드	100점	※ 차트 작성 능력 평가 • 차트 삽입 및 편집 • 도형 편집 및 효과
	6. 도형 슬라이드	100점	※ 도형과 스마트아트 및 애니메이션 작성 능력 평가 • 도형과 스마트아트 : 실무에 활용되는 도해화 능력 • 그룹화/애니메이션 효과

제1회 정보기술자격(ITQ) 시험

과 목	코 드	문제유형	시험시간	수험번호	성 명
한글파워포인트	1142	B	60분		

수험자 유의사항

- 수험자는 문제지를 받는 즉시 문제지와 **수험표상의 시험과목(프로그램)이 동일한지 반드시 확인**하여야 합니다.
- 파일명은 본인의 "수험번호-성명"으로 입력하여 답안폴더(내 PC\문서\ITQ)에 하나의 파일로 저장해야 하며, 답안문서 파일명이 "수험번호-성명"과 일치하지 않거나, 답안파일을 전송하지 않아 미제출로 처리될 경우 실격 처리합니다. (예:12345678-홍길동.pptx).
- 답안 작성을 마치면 파일을 저장하고, '답안 전송' 버튼을 선택하여 감독위원 PC로 답안을 전송하십시오. 수험생 정보와 저장한 파일명이 다를 경우 전송되지 않으므로 주의하시기 바랍니다.
- 답안 작성 중에도 **주기적으로 저장하고, '답안 전송'**하여야 문제 발생을 줄일 수 있습니다. 작업한 내용을 저장하지 않고 전송할 경우 이전에 저장된 내용이 전송되오니 이점 유의하시기 바랍니다.
- 답안문서는 지정된 경로 외의 다른 보조기억장치에 저장하는 경우, 지정된 시험 시간 외에 작성된 파일을 활용할 경우, 기타 통신수단(이메일, 메신저, 네트워크 등)을 이용하여 타인에게 전달 또는 외부 반출하는 경우는 부정 처리합니다.
- 시험 중 부주의 또는 고의로 시스템을 파손한 경우는 수험자가 변상해야 하며, 〈수험자 유의사항〉에 기재된 방법대로 이행하지 않아 생기는 불이익은 수험생 당사자의 책임임을 알려 드립니다.
- 문제의 조건은 MS오피스 2016 버전으로 설정되어 있으니 유의하시기 바랍니다.
- 시험을 완료한 수험자는 답안파일이 전송되었는지 확인한 후 감독위원의 지시에 따라 문제지를 제출하고 퇴실합니다.

답안 작성요령

- 온라인 답안 작성 절차
  수험자 등록 ⇒ 시험 시작 ⇒ 답안파일 저장 ⇒ 답안 전송 ⇒ 시험 종료
- 슬라이드의 크기는 A4 Paper로 설정하여 작성합니다.
- 슬라이드의 총 개수는 6 개로 구성되어 있으며 슬라이드 1부터 순서대로 작성하고 반드시 문제와 세부조건대로 합니다.
- 별도의 지시사항이 없는 경우 출력형태를 참조하여 글꼴색은 검정 또는 흰색으로 작성하고, 기타사항은 전체적인 균형을 고려하여 작성합니다.
- 슬라이드 도형 및 개체에 출력형태와 다른 스타일 (그림자 , 외곽선 등)을 적용했을 경우 감점처리됩니다.
- 슬라이드 번호를 작성합니다(슬라이드 1 에는 생략).
- 2~6 번 슬라이드 제목 도형과 하단 로고는 슬라이드 마스터를 이용하여 출력형태와 동일하게 작성합니다(슬라이드 1 에는 생략).
- 문제와 세부조건, 세부조건 번호 ◯ (점선원)은 입력하지 않습니다.
- 각 개체의 위치는 오른쪽의 슬라이드와 동일하게 구성합니다.
- 그림 삽입 문제의 경우 반드시 '내 PC\문서\ITQ\Picture' 폴더에서 정확한 파일을 선택하여 삽입하십시오.
- 각 슬라이드를 각각의 파일로 작업해서 저장할 경우 실격 처리됩니다.

The Insight KPC
kpc 한국생산성본부

시험 시작 전 반드시 읽어보고 불이익을 당하는 일이 없도록 하세요.

[주요 내용]

1. '수험번호-성명'으로 저장(답안 폴더 : 내 PC\문서\ITQ)
2. 주기적으로 답안 저장하여 최종 답안을 저장하고, '답안 전송' 버튼을 눌러 감독관 PC로 전송
3. 부정행위 금지
4. 관련 없는 파일이 저장된 경우 실격
5. 각 항목은 지정된 슬라이드에 출력 형태와 같이 정확히 작성

답안 작성 하기 전에 반드시 읽어보고 불이익을 당하는 일이 없도록 하세요.

[주요 내용]

1. 슬라이드 6장을 순서대로 작성
2. 슬라이드 크기 A4 확인
3. 슬라이드 마스터 사용
4. 2~6슬라이드에 바닥글 및 슬라이드 번호 위치 정확
5. 제목 슬라이드에는 바닥글과 번호 없음 확인
6. 그림 삽입(내 PC\문서\ITQ\Picture)

➔ 전체 구성 (60점)

슬라이드 크기 지정하고 슬라이드 마스터를 이용하여 제목 도형 삽입, 슬라이드 번호, 바닥글, 로고 삽입과 배경 투명하게 등 전체적인 구성 내용을 평가합니다.

➔ 제목 슬라이드 (40점)

도형을 삽입하고 도형 그림 채우기, 도형 효과, 그림 삽입과 배경 투명도, 워드아트를 이용한 제목 슬라이드 작성 능력을 평가합니다.

표지 작성

[주요 내용]

1. 도형 작성 후 도형에 그림 채우기, 도형 효과
2. 워드아트의 작성 방법
3. 로고 삽입과 투명 배경색 지정

➔ 목차 슬라이드 (60점)

목차에 따른 하이퍼링크와 도형 배치, 그림 자르기 등의 능력을 평가합니다.

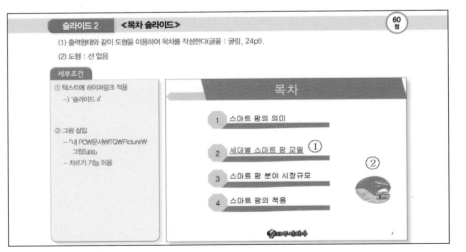

목차 작성

[주요 내용]

1. 슬라이드 마스터에서 작성된 제목란에 입력
2. 도형 삽입과 효과, 도형 배치
3. 하이퍼링크 삽입
4. 그림 자르기 기능 이용

➜ 텍스트/동영상 슬라이드 (40점)

텍스트와 그림의 조화있는 배치, 글머리 기호, 줄 간격, 동영상 삽입 능력을 평가합니다.

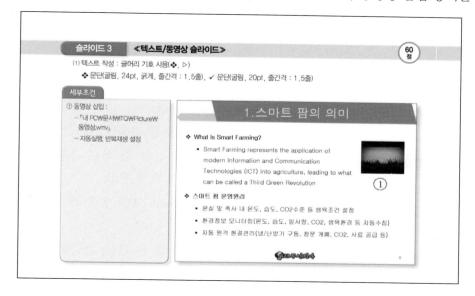

텍스트 / 동영상 작성

[주요 내용]

1. 도형 작성 후 도형에 그림 채우기, 도형 효과
2. 워드아트의 작성 방법
3. 로고 삽입과 투명 배경색 지정

➜ 표 슬라이드 (80점)

표를 작성하고 표의 문단 맞춤과 다양한 도형 삽입을 이용하여 표와 도형의 응용 능력을 평가합니다.

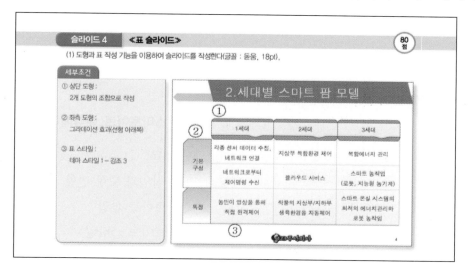

표 작성

[주요 내용]

1. 마스터를 이용한 제목 입력
2. 표 작성 및 표 편집, 표 스타일
3. 도형 작성 및 편집, 배치와 도형 효과

→ 차트 슬라이드 (100점)

차트를 삽입하고, 차트 편집 기능을 평가합니다.

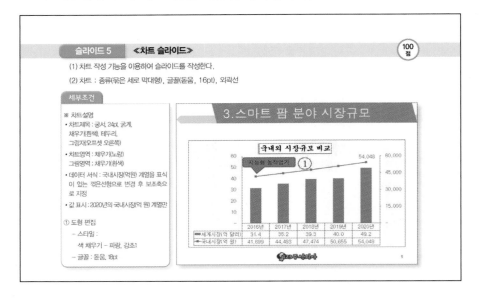

차트

[주요 내용]

1. 마스터를 이용한 제목 입력
2. 차트 종류 및 차트 유형, 데이터 및 계열 편집,
3. 차트 및 그림 영역(색 및 외곽선)
4. 제목 및 축 서식, 눈금선 편집
5. 도형 삽입

→ 도형슬라이드 (80점)

도형 삽입과 도형 편집 기능, 스마트아트 편집 및 애니메이션 기능을 평가합니다.

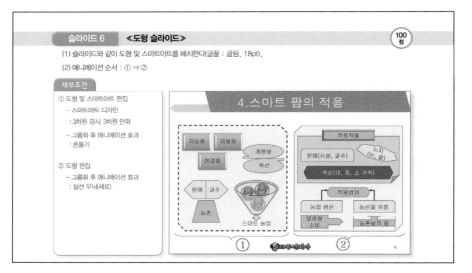

도형 및 스마트아트, 애니메이션

[주요 내용]

1. 도형 삽입과 도형 변형
2. 스마트아트 삽입
3. 스마트아트 스타일
4. 개체 그룹화 및 애니메이션

05 만점을 받기 위한 TIP

01 슬라이드는 6개의 슬라이드를 순서대로 작성하고, 첫 번째 슬라이드는 '제목 슬라이드' 레이아웃으로 하여 슬라이드 번호와 마스터에서 작성한 로고는 보이지 않도록 합니다.

02 목차 슬라이드의 하이퍼링크가 연결된 슬라이드를 정확히 합니다.

03 텍스트/동영상 슬라이드의 한글 텍스트와 영문 텍스트는 부분 점수가 주어집니다. 영문 부분을 작성하지 않았다면 영문 텍스트 부분 점수만 감점됩니다.

04 목차 슬라이드와 텍스트/동영상 슬라이드의 사진과 동영상 위치는 ≪출력 형태≫에 맞춰 배치합니다.

05 텍스트/동영상 슬라이드의 내어쓰기는 꼭 맞추도록 합니다. 내어쓰기가 맞춰지지 않을 경우 감점이 되므로 내어쓰기는 눈금자를 이용하거나 띄어쓰기로 맞춥니다. 눈금자를 이용해 조절할 경우에는 [보기] 탭의 [표시/숨기기] 그룹에서 [눈금자]를 클릭, 가로 눈금자의 삼각형 부분을 드래그하여 내어쓰기를 맞춥니다.

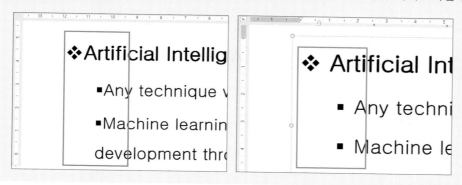

06 슬라이드의 도형은 ≪출력 형태≫와 동일하게 모양, 효과, 배치, 기준을 맞춰야 하며, 색은 제시된 경우가 아니면 투명을 제외한 임의의 색이나 기본 값 그대로 적용해도 감점되지 않습니다(단 테두리 유무, 대시(선)스타일, 3차원 효과, 그림자 효과 등은 ≪출력 형태≫와 동일하게 작성합니다.).

07 표 슬라이드는 표 스타일을 지정한 후 글꼴을 변경합니다.

08 도형 안에 텍스트를 입력하는 경우 텍스트가 도형 밖으로 나오면 감점됩니다.

09 차트 작성 시 차트는 ≪지시사항≫대로 작성한 후에 ≪출력 형태≫와 비교하여 세부 항목을 작성합니다. 도형의 테두리 두께는 기본값(디폴트)으로 해도 감점되지 않지만, 출력 형태로 확인이 가능한 선 스타일(점선) 등은 ≪출력 형태≫로 작성합니다.

10 도형을 회전이나 상하대칭하면 텍스트도 같이 회전되면 텍스트 상자을 이용해 작성합니다.

11 도형 슬라이드는 도형을 모두 작성하지 못할 경우에는 작성한 만큼 그룹화하고 애니메이션 효과를 설정하고 애니메이션 순서가 맞는지 확인합니다.

12 https://license.kpc.or.kr의 [자료실]-[시험정보]-[기출/샘플]에서 최신 기출문제를 반드시 풀어봅니다.

전체 구성

파워포인트의 기본 화면 구성을 이해하고, 용지 설정과 슬라이드에 반복되는 도형과 슬라이드 번호, 로고 등을 설정하는 슬라이드 마스터 작성 방법을 학습합니다.

화면 구성 요소

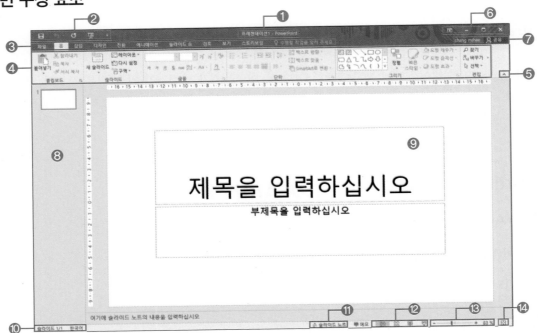

① 제목 표시줄 : 현재 실행 중인 파일 이름이 표시되며, 지정하지 않으면 '프레젠테이션1', '프레젠테이션2'로 표시됩니다.

② 빠른 실행 단추 : 자주 사용하는 메뉴들의 모음으로 개인 설정이 가능합니다.

③ 탭 메뉴 : 파워포인트의 메뉴가 표시됩니다.

④ 리본 메뉴 : [메뉴] 탭을 누르면 해당하는 메뉴가 펼쳐지며 그룹의 자세히 단추를 누르면 세부 명령 설정이 가능합니다.

⑤ 리본 메뉴 축소 : 리본 메뉴 축소 단추를 누르면 탭 메뉴만 표시되어 화면을 넓게 사용할 수 있습니다.

⑥ 화면 조절 버튼 : 리본 메뉴 표시 옵션 단추, 작업 화면의 크기 조절, 종료 단추가 있습니다.

⑦ 계정 : 계정에 로그인하면 사용자 아이디 표시와 공유 옵션이 나타납니다.

⑧ 슬라이드 축소 창 : 슬라이드의 섬네일 화면이 표시됩니다.

⑨ 슬라이드 창 : 슬라이드를 직접 편집하고 제작하는 창입니다.

⑩ 상태 표시줄 : 슬라이드 번호, 디자인 테마, 언어 등을 표시합니다.

⑪ 슬라이드 노트 : 슬라이드에 대한 설명이나 내레이션, 부가 설명 등을 입력할 수 있습니다.

⑫ 화면 보기 단추 : 슬라이드 노트, 기본 보기, 여러 슬라이드 보기, 슬라이드쇼 보기가 있습니다.

⑬ 확대/축소 : 슬라이드 창의 확대 및 축소를 비율로 조절할 수 있습니다.

⑭ 슬라이드를 현재 창 크기에 맞추기 : 슬라이드 창의 크기를 현재 작업 환경 크기에 맞춥니다.

📑 페이지 설정

• [디자인] 탭의 [사용자 지정] 그룹의 [슬라이드 크기]–[사용자 지정 슬라이드 크기]를 클릭하여, 슬라이드 크기와 시작 번호, 슬라이드의 방향 등을 설정한 후 '맞춤 확인'을 클릭하여 설정합니다.

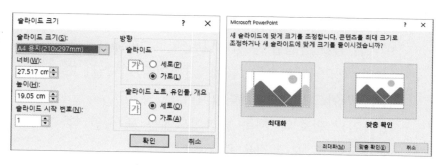

📑 슬라이드 마스터 설정

• 슬라이드 마스터는 각 슬라이드에 공통으로 디자인할 수 있는 슬라이드 배경, 서식, 머리글과 바닥글, 페이지 번호, 제목 등을 한꺼번에 설정하는 기능입니다.

• 슬라이드 마스터는 '슬라이드 마스터, 유인물 마스터, 슬라이드 노트 마스터' 등 3가지가 있으며, 편집 슬라이드를 작성할 때는 '슬라이드 마스터'를 사용합니다.

• [보기] 탭의 [마스터 보기] 그룹–[슬라이드 마스터]를 선택합니다.

• 맨 위에 번호가 붙어있는 Office 테마 슬라이드 마스터에서 로고, 제목, 도형 등을 설정하면 하위 레이아웃의 기본적인 배경이나 서식이 하위 레이아웃 슬라이드에 모두 적용됩니다.

• 하위 레이아웃 마스터는 각 슬라이드마다 개별적으로 슬라이드를 디자인합니다.

• 슬라이드 마스터는 사용자 지정 마스터 설정이 가능합니다.

• 슬라이드 번호 위치, 제목 마스터 편집, 그림 삽입, 배경 삽입 등을 설정한 다음 [슬라이드 마스터]–[닫기]–[마스터 보기 닫기] 또는 오른쪽 하단의 '화면 보기'에서 [기본]을 클릭하여 마스터를 종료합니다.

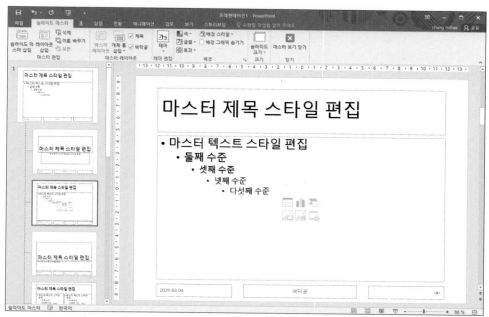

● 슬라이드 번호 삽입

- [머리글/바닥글] 대화상자에서 날짜, 페이지 번호, 바닥글 등을 삽입할 수 있습니다.
- [삽입] 탭의 [텍스트] 그룹에서 [머리글/바닥글] 또는 [슬라이드 번호]를 클릭합니다.
- '슬라이드 번호'와 '제목 슬라이드에는 표시 안 함'에 체크한 후 '모두 적용'을 누릅니다.

● 도형 삽입

- [삽입] 탭의 [일러스트레이션] 그룹에서 [도형] 또는 [홈] 탭의 [그리기] 그룹에서 원하는 도형을 삽입합니다.
- 도형을 삽입할 때는 왼쪽 위 상단에서 시작해서 오른쪽 하단 즉, 대각선으로 드래그하면 쉽게 삽입할 수 있습니다.

Shift +드래그	정원, 정사각형, 직선인 경우 45° 방향으로 직선
Ctrl +드래그	Ctrl 을 누르고 도형을 드래그하면 도형의 중심부터 도형이 그려집니다.
Alt +드래그	도형을 세밀하게 크기 조절
Ctrl +드래그	도형을 선택한 후 Ctrl 을 누르고 드래그하면 복사
Ctrl + D	도형을 선택한 후 Ctrl + D 를 누르면 복제
Ctrl + Shift +드래그	수평 · 수직 복사
여러 도형 선택	Ctrl 또는 Shift 를 누르고 여러 도형을 선택

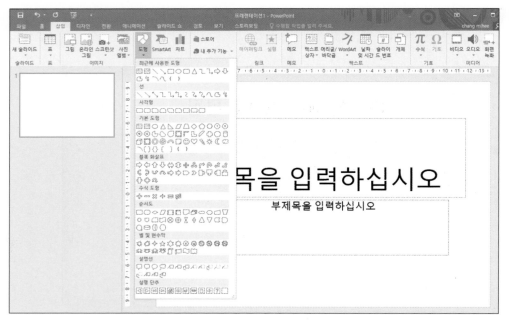

🔜 도형 크기 조절

- 도형을 선택하면 흰색 조절점, 노란색 조절점, 회전 화살표가 표시됩니다.
- 흰색 조절점으로 도형의 크기를 조절합니다.
- 회전 화살표 위에 마우스를 올려 놓고 돌리면 도형의 방향이 변경되고, 노란색 조절점으로 도형의 모양을 변형시킵니다.

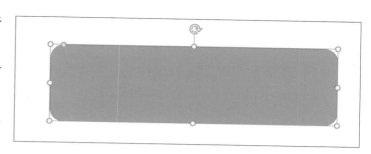

🔜 도형 서식 설정

- 도형을 선택하면 도형을 편집할 수 있는 도구 모음 상황 탭이 표시되며, [도형 삽입] 그룹에서는 다른 도형을 삽입하거나, 도형 변경, 점 편집 등이 가능합니다.
- [도형 스타일] 그룹에서는 미리 만들어진 도형 스타일과 도형 채우기, 도형 윤곽선, 도형 효과를 지정할 수 있으며, [도형 효과]에서는 '그림자, 반사, 네온, 부드러운 가장자리, 입체 효과, 3차원 효과' 등을 설정합니다.
- [WordArt 스타일] 그룹에서는 입력한 텍스트를 미리 만들어진 스타일로 변경하거나, 텍스트의 효과 등을 설정합니다.
- [정렬] 그룹에서는 도형의 순서와 맞춤, 그룹화, 회전 등을 할 수 있으며, [크기] 그룹에서는 도형의 크기를 입력하여 설정합니다.

- 도형 스타일의 '도형 서식' 단추를 클릭하면 오른쪽에 세부 사항을 편집할 수 있는 도형 서식의 옵션을 사용합니다.

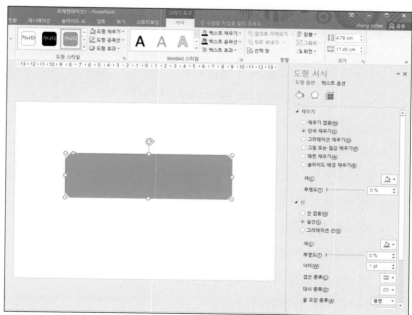

🡒 그림 삽입과 편집

- [삽입] 탭의 [일러스트레이션] 그룹에서 [그림]을 클릭합니다.
- [내 PC\문서\ITQ\Picture] 폴더에 서 해당하는 그림을 더블클릭하여 삽입합니다.

- 그림을 선택하면 [그림 도구] 상황 탭이 생성되고, [서식] 탭의 [조정] 그룹에서 [색]의 '투명한 색 설정'을 이용해 배경색을 제거합니다.
- [그림 스타일] 그룹에서는 그림 스타일, 그림 테두리와 그림 효과, 그림 레이아웃 등을 설정합니다.

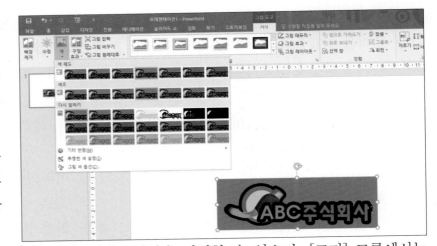

- [정렬] 그룹에서는 그림의 앞뒤 순서 변경, 맞춤, 회전을 지정할 수 있으며, [크기] 그룹에서는 '그림 자르기'와 '크기'를 변경합니다.

🡒 슬라이드 삽입과 수정

- 슬라이드 삽입은 [홈] 탭에서 [슬라이드] 그룹의 [새슬라이드]에서 삽입하려는 레이아웃을 클릭합니다.
- 슬라이드 변경은 [홈] 탭에서 [슬라이드] 그룹의 [레이아웃]에서 변경합니다.
- 슬라이드 섬네일의 슬라이드를 선택한 상태에서 Enter 를 누르면 선택한 슬라이드와 같은 슬라이드가 삽입됩니다.

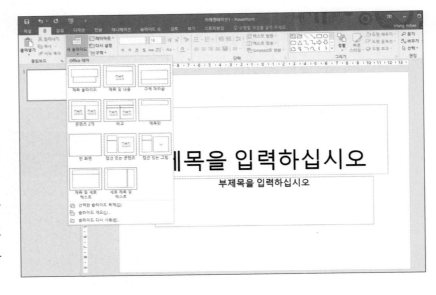

■ ■ 예제 : 출제유형₩1.전체구성.pptx

전체 구성

파워포인트의 전체 구성으로 배점은 60점이며 슬라이드 크기 지정, 슬라이드 번호, 바닥글, 슬라이드 마스터를 이용하여 작성, 로고 삽입, 투명 배경색 지정 등 전체적인 구성 내용을 평가합니다.

≪전체구성≫   (60점)

조건 (1) 슬라이드 크기 및 순서 : 크기를 A4 용지로 설정하고 슬라이드 순서에 맞게 작성한다.
     (2) 슬라이드 마스터 : 2~6슬라이드의 제목, 하단 로고, 슬라이드 번호는 슬라이드 마스터를 이용하여 작성한다.
         – 제목 글꼴(돋움, 40pt, 흰색), 왼쪽 맞춤, 도형(선 없음)
         – 하단 로고(「내 PC₩문서₩ITQ₩Picture₩로고2.jpg」), 배경(회색) 투명색으로 설정)

출력형태

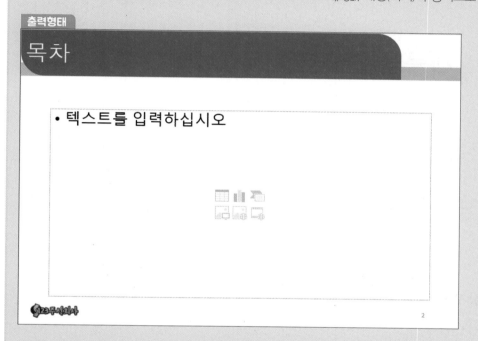

KEY POINT

• 슬라이드 크기 지정 : [디자인] – [사용자 지정] – [슬라이드 크기] – [사용자 지정 슬라이드 크기] – 'A4용지' – '맞춤 확인'
• 슬라이드 마스터 설정 : [보기] – [슬라이드 마스터]
• 슬라이드 마스터 작업 – [제목 및 내용 레이아웃] 선택
  – [도형 삽입] : [삽입] – [일러스트레이션] – [도형] / [도형 윤곽선] – [윤곽선 없음]
  – [마스터 제목 서식 지정] : 글꼴, 크기, 색 지정
  – [그림 삽입] : [삽입] – [일러스트레이션] – [그림] – 그림 삽입
  – [그림 투명색 설정] : [그림 도구] – [서식] – [조정] – [색] – 투명한 색 설정 / [그림 위치 변경]
  – 슬라이드 번호 삽입 : [삽입] – [텍스트] – [슬라이드 번호] – [슬라이드 번호와 제목 슬라이드에는 표시 안 함] 체크
  – [마스터 닫기] : [슬라이드 마스터] – [닫기] – [마스터 보기 닫기]
• 저장 : 내 PC₩문서₩ITQ₩수험번호–이름

01 파워포인트를 실행시키고 '새 프레젠테이션'을 선택합니다. 새 프레젠테이션이 열리면 ❶[디자인] 탭의 ❷[사용자 지정] 그룹에서 [슬라이드 크기]를 클릭한 후 ❸[사용자 지정 슬라이드 크기]를 선택합니다.

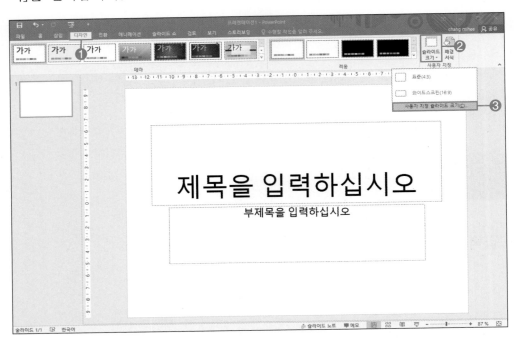

02 [슬라이드 크기] 대화상자에서 ❶'슬라이드 크기 : A4 용지', ❷'슬라이드 방향 : 가로'로 지정하고 ❸[확인]을 클릭한 후 ❹'맞춤 확인'을 선택합니다.

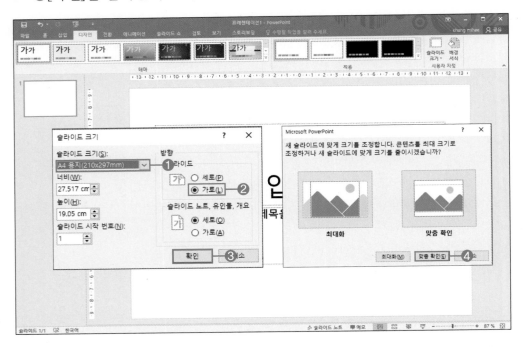

03 프레젠테이션을 저장하기 위해 ❶[파일]을 클릭합니다.

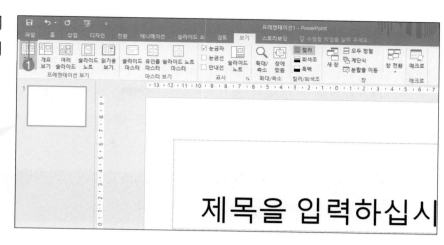

04 ❶[저장] 또는 [다른 이름으로 저장]을 클릭한 후 ❷'이 PC'를 더블클릭합니다.

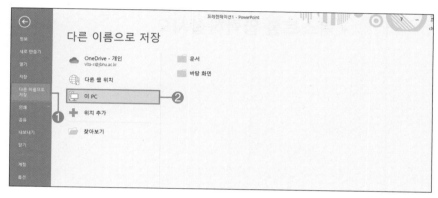

05 저장될 폴더는 ❶'내 PC ₩문서₩ITQ'를 선택한 후 ❷저장 폴더를 확인하고 ❸ 파일 이름은 '수험번호-이름'을 입력한 후 ❹'저장'을 클릭합니다.

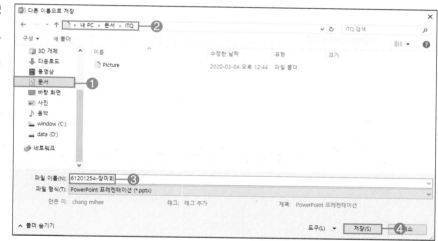

06 제목 표시줄에 파일명이 표시됩니다. 파워포인트에 편집을 하면 왼쪽 상단의 '저장'을 눌러 재저장합니다.

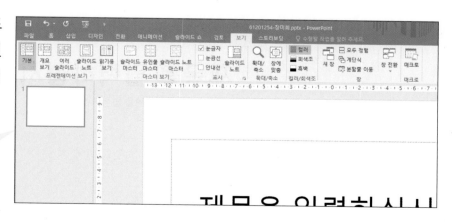

01 슬라이드 마스터를 작성하기 위해서는 목차 슬라이드의 제목을 보고 작성해야 합니다. 작성 순서는 ❶제목 도형에서 맨 뒤에 있는 도형을 먼저 삽입하고, ❷위쪽 도형을 그린 후 ❸슬라이드 마스터 제목 글꼴을 설정한 후 ❹로고와 ❺슬라이드 번호를 삽입합니다. 작성 순서를 알아둡니다.

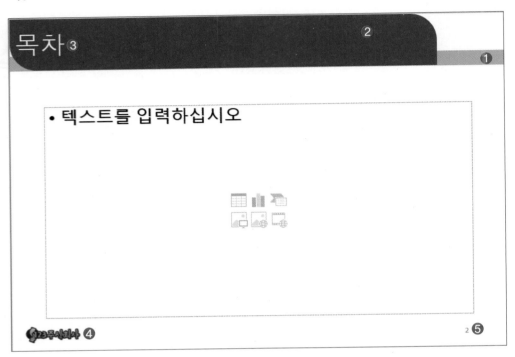

02 슬라이드를 균형있게 편집하기 위해 눈금선을 표시합니다. ❶[보기] 탭의 ❷[표시] 그룹에서 '눈금자', '눈금선', '안내선'을 체크합니다.

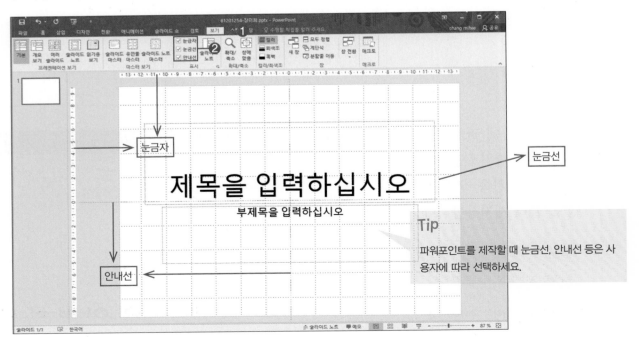

01 슬라이드 마스터를 설정하기 위해 ❶[보기] 탭의 [마스터 보기] 그룹에서 ❷[슬라이드 마스터]를 클릭합니다.

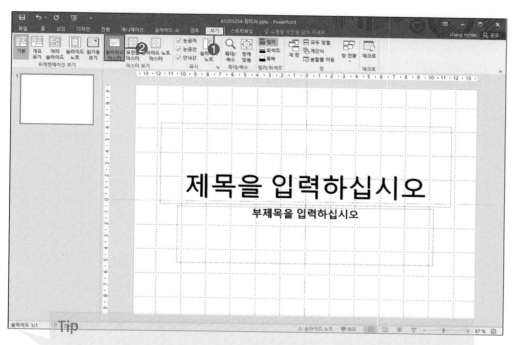

Tip

[Shift]를 누른 채 오른쪽 하단의 '기본 보기'를 클릭하여 슬라이드 마스터로 이동할 수 있습니다.

02 [슬라이드 마스터] 탭이 열리면 ❶스크롤 바를 위로 올린 후 ❷'제목 및 내용' 레이아웃을 클릭합니다.

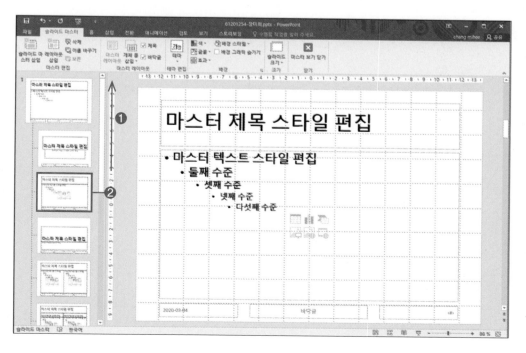

03 ❶'제목 및 내용' 레이아웃이 선택된 상태에서 ❷[삽입] 탭의 [이미지] 그룹에서 ❸[도형]을 클릭하여 ❹'사각형'의 '사각형'을 선택합니다.

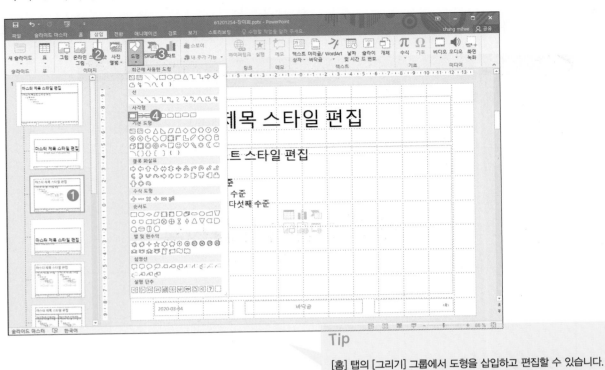

Tip

[홈] 탭의 [그리기] 그룹에서 도형을 삽입하고 편집할 수 있습니다.

04 슬라이드 마스터의 ❶마스터 제목 스타일 부분의 두 번째 칸의 중간 정도에서 드래그하여 ❷오른쪽 하단으로 '마스터 제목 스타일 편집' 제목의 절반 정도를 넘지 않게 드래그합니다. 두 번째 눈금의 절반을 넘지 않도록 합니다.

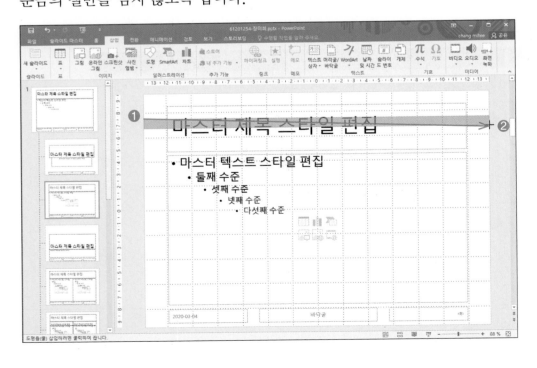

05 ❶'제목 및 내용' 레이아웃이 선택된 상태에서 맨 위에 그려진 도형을 삽입하기 위해 ❷[삽입] 탭의 [이미지] 그룹에서 ❸[도형]을 클릭하여 '사각형'의 ❹'대각선 방향의 모서리가 둥근 사각 형'을 선택합니다.

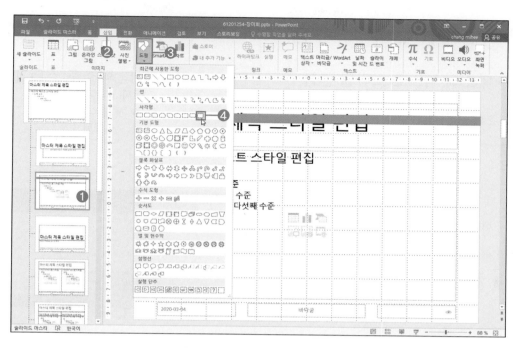

06 ❶슬라이드 마스터의 왼쪽 위 상단에 마우스를 직각으로 맞춘 후 ❷오른쪽 하단으로 '마스터 제 목 스타일 편집' 도형의 너비만큼 드래그하여 삽입합니다.

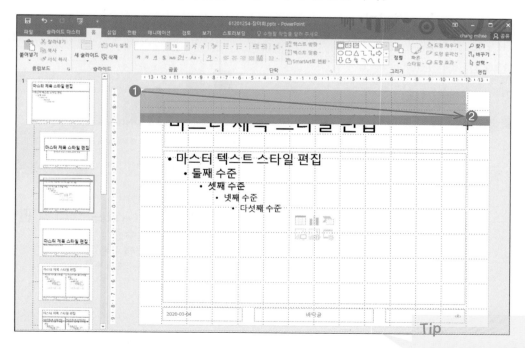

Tip

도형의 높이는 마스터 제목 슬라이드 개체 틀 높 이를 넘지 않도록 합니다.

07 ❶도형의 왼쪽 노란색 핸들러를 ❷오른쪽으로 드래그하여 도형을 변형합니다.

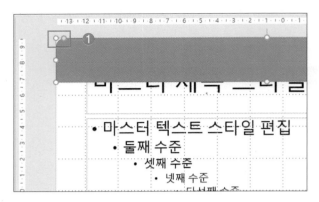 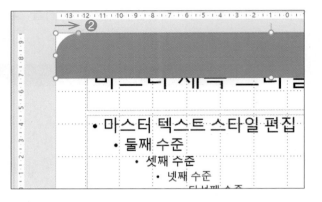

08 ❶도형을 선택한 후 ❷[그리기 도구]-[서식] 탭의 [정렬] 그룹에서 ❸[회전]의 ❹ [좌우 대칭]을 클릭합니다.

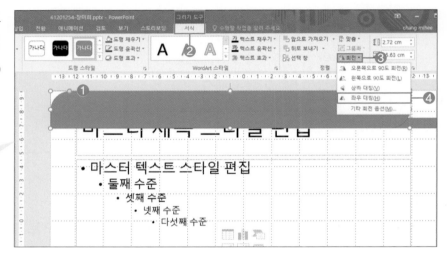

Tip

도형의 회전은 《출력형태》를 보고 변경합니다.

09 ❶도형을 선택한 후 ❷[그리기 도구]-[서식] 탭의 ❸ [도형 스타일] 그룹에서 [도형 채우기]를 클릭한 후 ❹ 임의 색을 선택합니다.

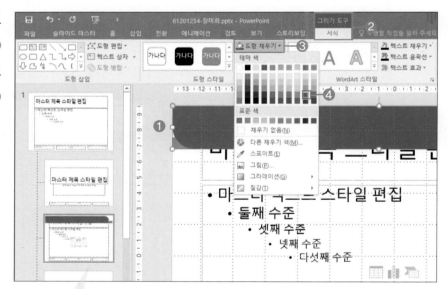

Tip

도형의 색은 지정되지 않아 채점 대상이 아니지만 텍스트 글꼴의 색상에 따라 도형을 어두운 색 또는 밝은 색으로 변경합니다. 또한 변경하지 않아도 감점되지 않으므로 기본값 그대로 사용해도 됩니다.

10 슬라이드 마스터 작성 조건에 도형(선 없음)이 있습니다. ❶첫 번째 도형을 선택한 후 ❷ *Ctrl* 을 누른 채 두 번째 도형을 선택합니다. ❸[그리기 도구]-[서식] 탭의 ❹[도형 스타일] 그룹에서 [도형 윤곽선]을 클릭한 후 ❺'윤곽선 없음'을 선택합니다.

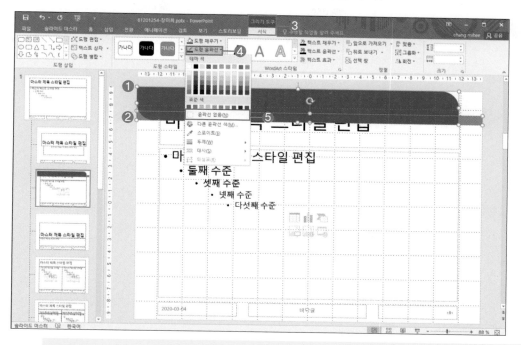

Tip

도형의 '크기'와 '테두리 색', '테두리 두께', '도형 채우기 색'을 제시되지 않은 부분은 기본값 그대로 사용하거나 임의로 변경합니다. 단 제시된 '도형(선 없음)'은 반드시 작성하도록 합니다.

11 ❶'마스터 제목 스타일 편집' 개체 틀을 선택한 후 ❷[그리기 도구]-[서식] 탭의 ❸[정렬] 그룹에서 [앞으로 가져오기] 목록 단추를 클릭한 후 ❹'맨 앞으로 가져오기'를 선택합니다.

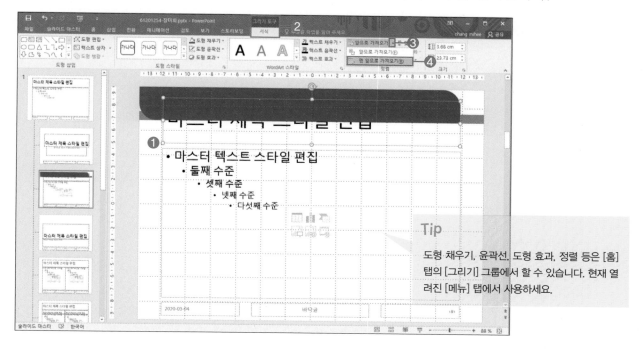

Tip

도형 채우기, 윤곽선, 도형 효과, 정렬 등은 [홈] 탭의 [그리기] 그룹에서 할 수 있습니다. 현재 열려진 [메뉴] 탭에서 사용하세요.

12 제목 글꼴 조건을 설정하기 위해 ❶마스터 제목 스타일 편집 개체 틀이 선택된 상태에서 ❷[홈] 탭의 ❸[글꼴] 그룹에서 '돋움', '40pt'를 설정합니다. ❹글꼴 색의 목록 단추를 누르고 ❺'흰색, 배경1'을 선택합니다.

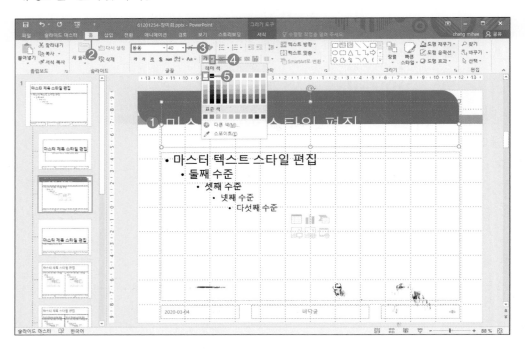

13 제목 글꼴 조건의 '왼쪽 정렬'을 설정합니다. ❶'마스터 제목 스타일 편집' 개체 틀이 선택된 상태에서 ❷[홈] 탭의 ❸[단락] 그룹에서 '왼쪽 맞춤'을 설정합니다. ❹'제목 개체 틀'을 도형 크기에 맞게 조절하고 위치를 이동시켜 완성합니다.

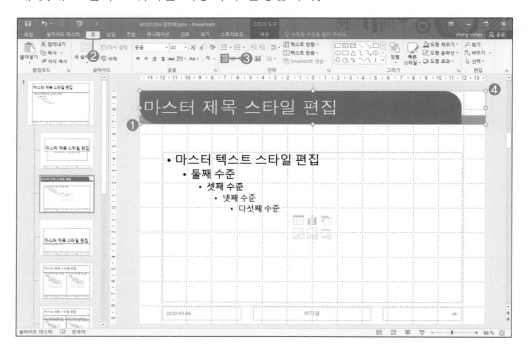

01 그림을 삽입하고 배경을 투명도로 설정합니다. ❶'제목 및 내용' 레이아웃 마스터가 선택된 상태에서 ❷[삽입] 탭의 [이미지] 그룹에서 ❸[그림]을 클릭합니다. [그림 삽입] 대화상자가 열리면 ❹왼쪽 구성에서 [내 PC]–[문서]– [ITQ]–[Picture] 폴더를 선택하고 ❺경로를 확인한 다음 ❻'로고2.jpg' 파일을 더블클릭하여 이미지를 삽입합니다.

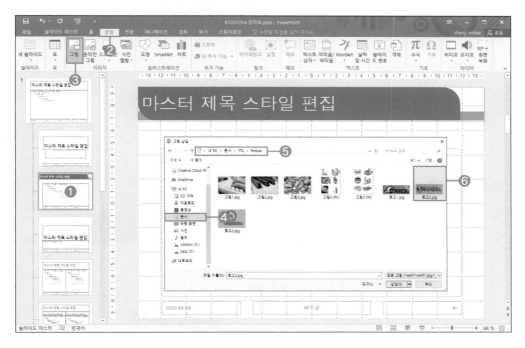

02 ❶삽입된 그림을 선택한 상태에서 ❷[그림 도구]–[서식] 탭의 [조정] 그룹에 서 ❸[색]의 ❹'투명한 색 설정'을 클릭합니다.

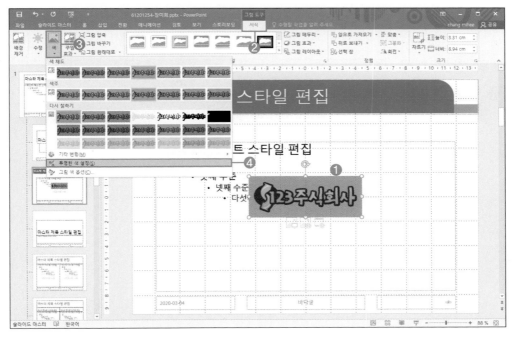

03 ❶마우스 모양이 🔧일 때 그림의 회색 부분을 클릭하여 '회색' 배경색을 삭제하여 투명하게 합니다.

04 ❶그림의 오른쪽 상단의 대각선 조절점을 드래그하여 왼쪽 하단으로 크기를 조절합니다.

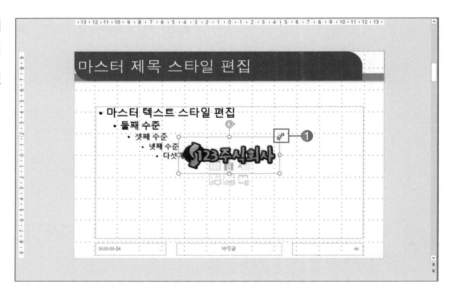

05 《출력형태》와 같이 드래그하여 위치를 이동합니다.

Tip

'크기'와 '위치'는 제시되지 않았으므로 《출력형태》와 같이 작성하면 됩니다.

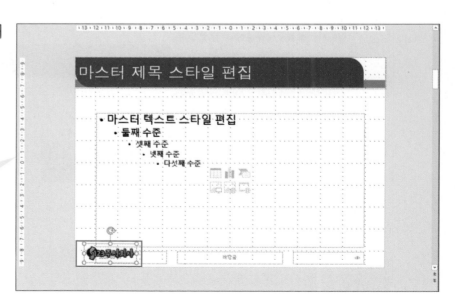

01 슬라이드의 번호를 삽입하고 제목 슬라이드에는 표시하지 않습니다. ❶'제목 및 내용 슬라이드 마스터'를 선택한 후 ❷[삽입] 탭의 ❸[텍스트] 그룹에서 '슬라이드 번호'를 클릭합니다.

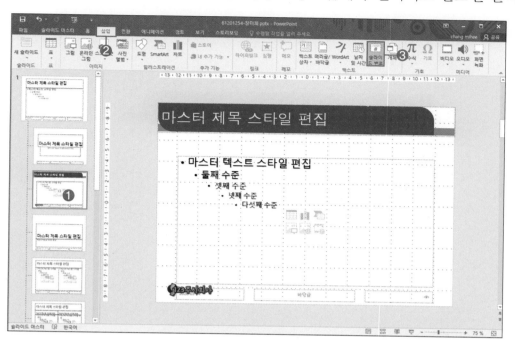

02 [머리글/바닥글] 대화상자에서 ❶[슬라이드] 탭의 ❷'슬라이드 번호'와 ❸'제목 슬라이드에는 표시 안 함'에 체크하고 ❹[모두 적용]을 클릭합니다.

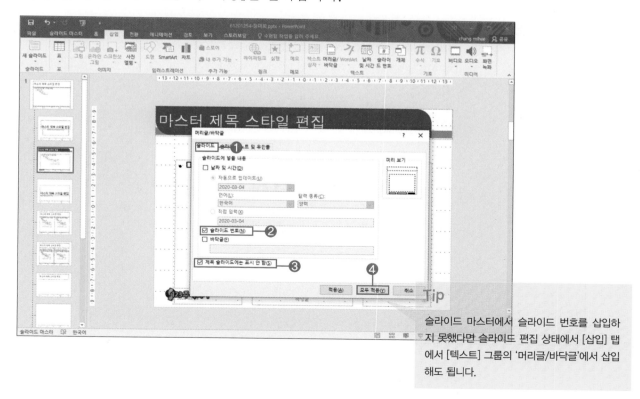

Tip

슬라이드 마스터에서 슬라이드 번호를 삽입하지 못했다면 슬라이드 편집 상태에서 [삽입] 탭에서 [텍스트] 그룹의 '머리글/바닥글'에서 삽입해도 됩니다.

03 슬라이드 번호를 삽입해도 슬라이드 마스터에서는 표시되지 않습니다. 편집 화면으로 되돌아가기 위해 ❶[슬라이드 마스터] 탭의 ❷[마스터 보기 닫기]를 클릭합니다. 또는 ❸오른쪽 화면 하단의 '기본 보기'를 클릭해도 편집 화면으로 되돌아 갑니다.

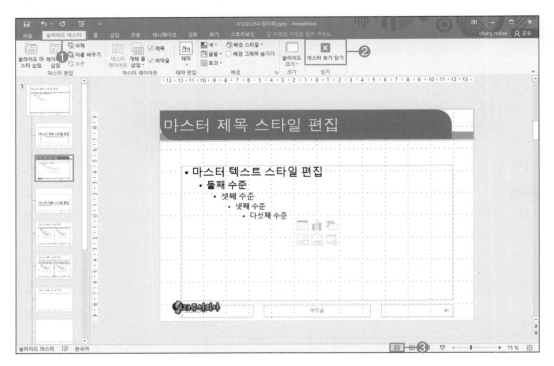

04 '제목 슬라이드'에서 ❶'부제목'을 선택한 후 Delete 를 눌러 삭제합니다.

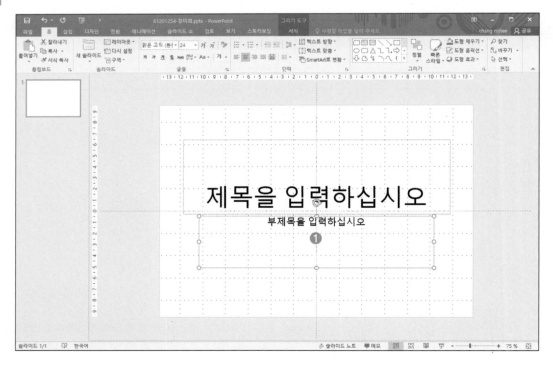

05 왼쪽 슬라이드 축소판에서 '제목 슬라이드'를 선택한 후 Enter 를 다섯 번 누릅니다.

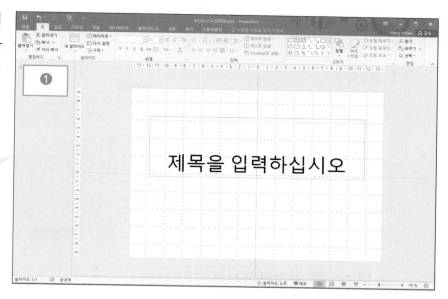

Tip

[홈] 탭의 [슬라이드] 그룹에서 '새 슬라이드'를 클릭하여 삽입할 수 있습니다.

06 6개의 슬라이드를 삽입한 후 마지막 6번째 슬라이드의 ❶개체 틀을 선택한 후 Delete 를 눌러 삭제합니다.

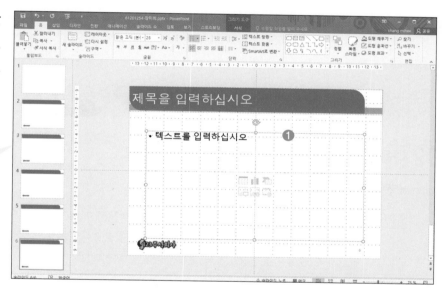

Tip

첫 번째 '제목 슬라이드'만 '제목 슬라이드'로 설정하고 두 번째 ~ 여섯 번째 슬라이드는 작성하기 편한 레이아웃으로 삽입하면 됩니다.

07 6개의 슬라이드를 완성합니다.

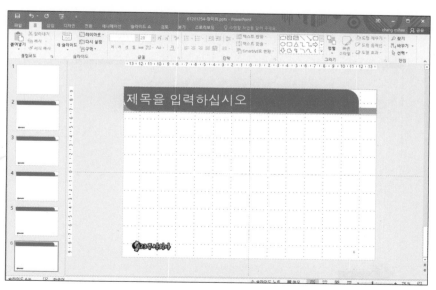

Tip

슬라이드가 추가되면 Delete 를 눌러 삭제하고 슬라이드 작성 순서가 바뀌면 드래그하여 순서를 맞춰 작성해야 합니다.

01 다음의 조건을 적용하여 슬라이드를 완성하시오.

■ ■ 예제 : 실력팡팡₩1.전체구성₩전체1.pptx

(60점)

≪전체구성≫

조건 (1) 슬라이드 크기 및 순서 : 크기를 A4 용지로 설정하고 슬라이드 순서에 맞게 작성한다.

(2) 슬라이드 마스터 : 2~6슬라이드의 제목, 하단 로고, 슬라이드 번호는 슬라이드 마스터를 이용하여 작성한다.

– 제목 글꼴(굴림, 40pt, 검정), 가운데 맞춤, 도형(선 없음)

– 하단 로고(「내 PC₩문서₩ITQ₩Picture₩로고1.jpg」), 배경(회색) 투명색으로 설정)

출력형태

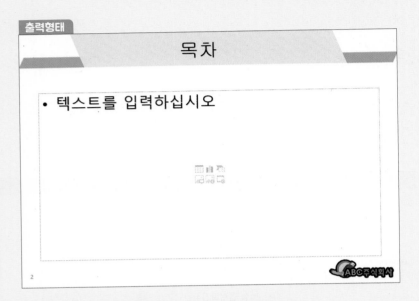

02 다음의 조건을 적용하여 슬라이드를 완성하시오.

■ ■ 예제 : 실력팡팡₩1.전체구성₩전체2.pptx

(60점)

≪전체구성≫

조건 (1) 슬라이드 크기 및 순서 : 크기를 A4 용지로 설정하고 슬라이드 순서에 맞게 작성한다.

(2) 슬라이드 마스터 : 2~6슬라이드의 제목, 하단 로고, 슬라이드 번호는 슬라이드 마스터를 이용하여 작성한다.

– 제목 글꼴(돋움, 40pt, 흰색), 왼쪽 맞춤, 도형(선 없음)

– 하단 로고(「내 PC₩문서₩ITQ₩Picture₩로고1.jpg」), 배경(회색) 투명색으로 설정)

출력형태

03 다음의 조건을 적용하여 슬라이드를 완성하시오.

■ ■ 예제 : 실력팡팡₩1.전체구성₩전체3.pptx

≪전체구성≫ (60점)

조건 (1) 슬라이드 크기 및 순서 : 크기를 A4 용지로 설정하고 슬라이드 순서에 맞게 작성한다.
(2) 슬라이드 마스터 : 2∼6슬라이드의 제목, 하단 로고, 슬라이드 번호는 슬라이드 마스터를 이용하여 작성한다.
 – 제목 글꼴(굴림, 40pt, 흰색), 가운데 맞춤, 도형(선 없음)
 – 하단 로고(「내 PC₩문서₩ITQ₩Picture₩로고3.jpg」), 배경(보라색) 투명색으로 설정)

출력형태

04 다음의 조건을 적용하여 슬라이드를 완성하시오.

■ ■ 예제 : 실력팡팡₩1.전체구성₩전체4.pptx

≪전체구성≫ (60점)

조건 (1) 슬라이드 크기 및 순서 : 크기를 A4 용지로 설정하고 슬라이드 순서에 맞게 작성한다.
(2) 슬라이드 마스터 : 2∼6슬라이드의 제목, 하단 로고, 슬라이드 번호는 슬라이드 마스터를 이용하여 작성한다.
 – 제목 글꼴(궁서, 40pt, 검정), 왼쪽 맞춤, 도형(선 없음)
 – 하단 로고(「내 PC₩문서₩ITQ₩Picture₩로고2.jpg」), 배경(회색) 투명색으로 설정)

출력형태

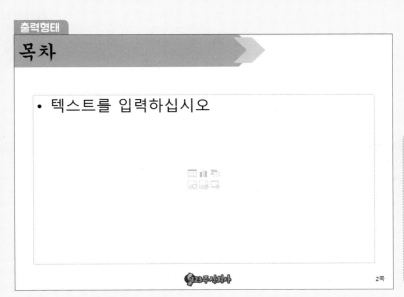

> **Tip**
> 슬라이드 번호에 '쪽'을 입력하려면 '슬라이드 마스터'에서 〈#〉 뒤쪽에 '쪽'을 입력합니다.
>
> 〈#〉쪽

표지 디자인

슬라이드의 전체 내용을 파악할 수 있는 표지 디자인은 도형을 삽입하여 이미지를 채우고 투명도를 설정합니다. 워드아트로 제목을 부각시키며 로고를 삽입하는 방법을 학습합니다.

도형 편집

- 도형을 삽입하고 [그리기 도구]-[서식] 탭의 [도형 스타일] 그룹에서 '도형 서식'을 클릭합니다.
- 도형의 '채우기' 옵션과 '효과' 옵션에서 편집할 수 있습니다.

WordArt 편집

- WordArt는 [삽입] 탭에서 [텍스트] 그룹의 [WordArt]에서 스타일을 선택합니다.

- WordArt를 선택하고 [그리기 도구]-[서식] 탭에서 [WordArt 스타일] 그룹의 [텍스트 채우기]에서 색을 변경할 수 있습니다.

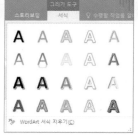

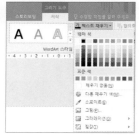

- [그리기 도구]-[서식] 탭의 [WordArt 스타일]에서 [텍스트 윤곽선]을 설정할 수 있으며, [텍스트 효과]의 '그림자', '반사', '네온', '변환' 등의 효과를 설정할 수 있습니다.

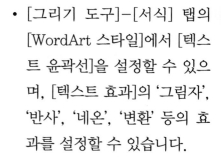

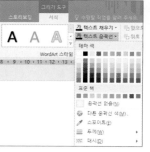

표지 디자인

파워포인트의 표지 디자인의 배점은 40점이며 도형을 삽입하고 도형에 그림으로 채우고 투명도를 설정하며, 그림 삽입과 워드아트를 이용한 제목 슬라이드 작성 능력을 평가합니다.

[슬라이드 1] ≪표지 디자인≫   (40점)

조건   (1) 표지 디자인 : 도형, 워드아트 및 그림을 이용하여 작성한다.

세부 조건

① 도형 편집
  - 도형에 그림 채우기 :
    「내 PC₩문서₩ITQ₩Picture₩
    그림1.jpg」 투명도 50%
  - 도형 효과 :
    (부드러운 가장자리 5포인트)

② 워드아트 삽입
  - 변환 : 삼각형
  - 글꼴 : 돋움, 굵게
  - 텍스트 반사 : 근접반사, 4pt 오프셋

③ 그림 삽입
  - 「내 PC₩문서₩ITQ₩Picture₩
    로고2.jpg」
  - 배경(회색) 투명색으로 설정

출력형태

KEY POINT

- 도형 삽입 : [삽입] – [일러스트레이션] – [도형], [홈] – [그리기] – [도형]
- 도형 그림 채우기 : [도형 스타일] – [도형 채우기] – [그림] / 투명도 설정
            [도형 효과] – [부드러운 가장자리]
- 워드아트 삽입 : 제목 개체 틀 입력 또는 [삽입] – [텍스트] – [WordArt]
- 워드아트 편집 : 워드아트 스타일 – [반사] / [변환]
- 그림 삽입 : [삽입] – [이미지] – [그림] –그림 삽입
        [그림 배경 투명색 설정] : [그림 도구] – [서식] – [색] – [투명한 색 설정]
        [그림 크기 / 위치 변경]
- 재 저장하기(**Ctrl** + **S**)

01 '제목 슬라이드'에 도형을 삽입하기 위해 ❶'제목 슬라이드'를 선택한 후 ❷[삽입] 탭의 [일러스트레이션] 그룹에서 ❸[도형]을 클릭하여 ❹[사각형]의 [사각형]을 선택합니다.

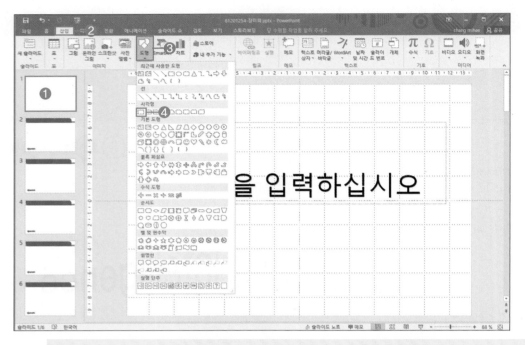

Tip

[홈] 탭의 [그리기] 그룹에서 [도형]의 삽입과 편집이 가능합니다. 화면 확대/축소를 이용하여 편집하기 좋은 화면 비율을 맞추세요.

단축키 : Ctrl +마우스 휠을 위·아래로 드래그

02 왼쪽 상단에서 오른쪽 하단으로 《출력형태》에 맞게 드래그하여 도형을 삽입합니다.

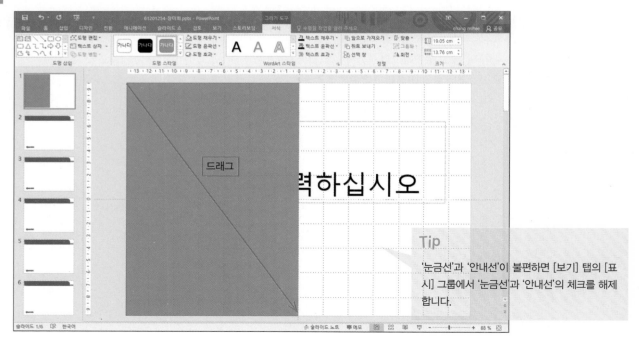

Tip

'눈금선'과 '안내선'이 불편하면 [보기] 탭의 [표시] 그룹에서 '눈금선'과 '안내선'의 체크를 해제합니다.

03 도형을 그림으로 채우기 위해 ❶'사각형'을 선택한 상태에서 ❷[그리기 도구]-[서식] 탭의 ❸[도형 스타일] 그룹에서 '도형 서식'을 클릭합니다.

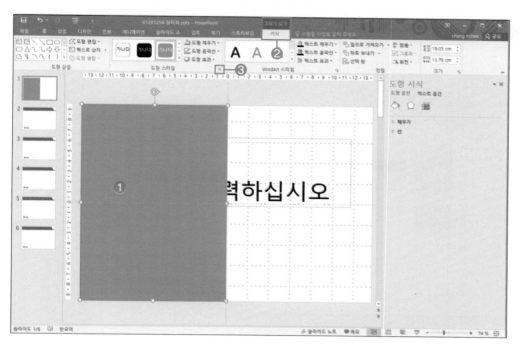

04 ❶'사각형' 도형을 선택하고 오른쪽 대화상자에서 ❷[그림 서식]-[도형 옵션] 탭의 ❸[채우기]에서 ❹'그림 또는 질감 채우기'를 선택하고 ❺'파일' 단추를 클릭합니다.

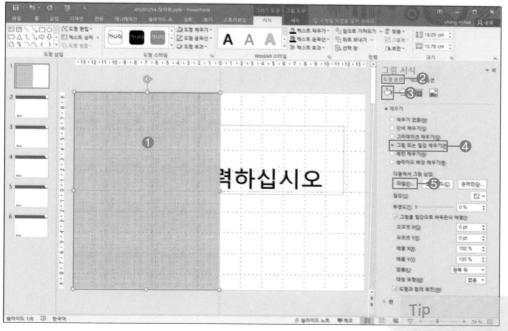

Tip
도형을 선택한 후 '그림 또는 질감 채우기'를 선택하면 대화상자의 이름이 [도형 서식]이 [그림서식]으로 변경됩니다.

05 [그림 삽입] 대화상자가 열리면 ❶'내 PC'에서 '문서' 폴더의 'ITQ₩Picture' 폴더에서 선택하고 ❷경로를 확인한 다음 ❸'그림1.jpg'을 더블클릭하여 삽입합니다.

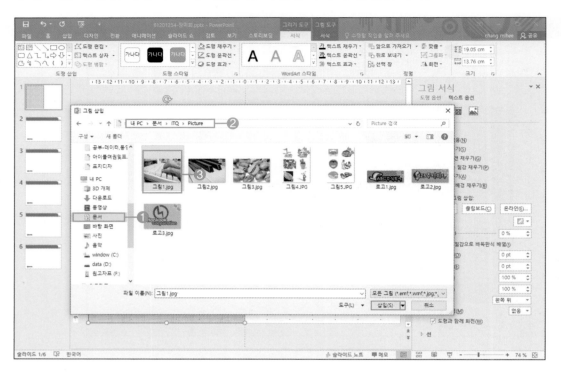

06 투명도를 설정하기 위해 그림으로 채워진 '사각형'을 선택한 상태에서 ❶'투명도'를 '50'으로 입력합니다.

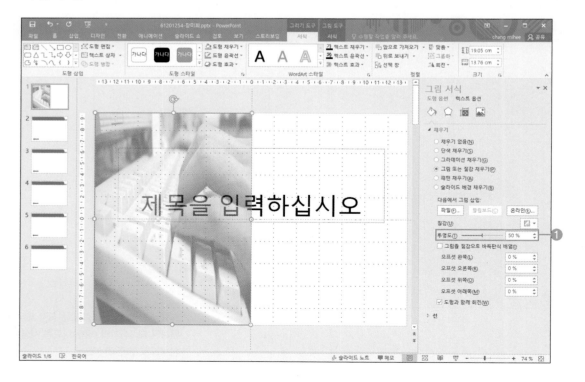

07 부드러운 가장자리 효과를 설정합니다. '사각형'을 선택한 후 ❶'그림 서식'의 '도형 옵션' 탭의 '효과'에서 ❷'부드러운 가장자리'를 선택하고 ❸'미리 설정' 목록 단추를 클릭하여 ❹'5포인트'를 선택합니다.

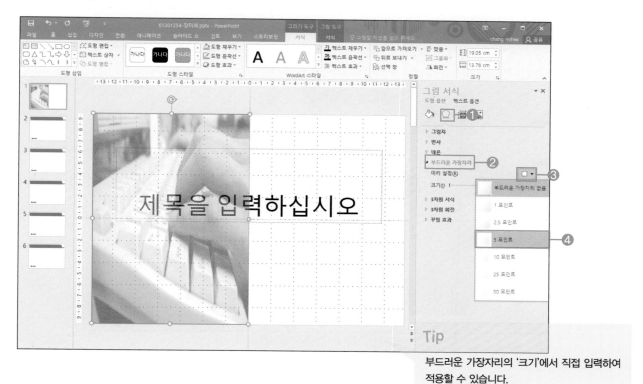

Tip
부드러운 가장자리의 '크기'에서 직접 입력하여 적용할 수 있습니다.

08 도형 편집이 끝난 후 도형을 맨 뒤로 배치합니다. '사각형'을 선택하고 ❶[그리기 도구]-[서식] 탭에서 ❷[정렬] 그룹의 '뒤로 보내기'의 목록 단추를 누른 후 ❸'맨 뒤로 보내기'를 선택합니다. ❹오른쪽 '그림 서식' 창을 닫습니다.

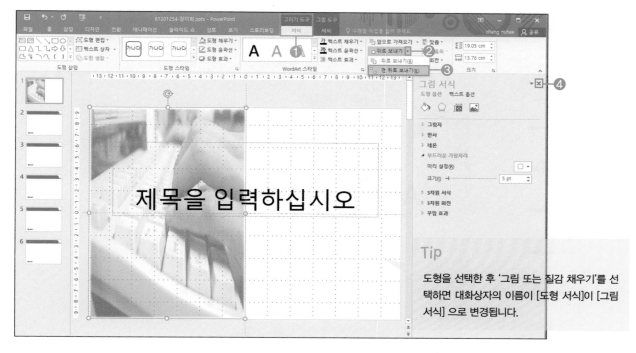

Tip
도형을 선택한 후 '그림 또는 질감 채우기'를 선택하면 대화상자의 이름이 [도형 서식]이 [그림 서식] 으로 변경됩니다.

01 '워드아트'를 삽입하기 위해 ❶'제목 슬라이드'의 '제목' 개체 틀 안을 클릭합니다.

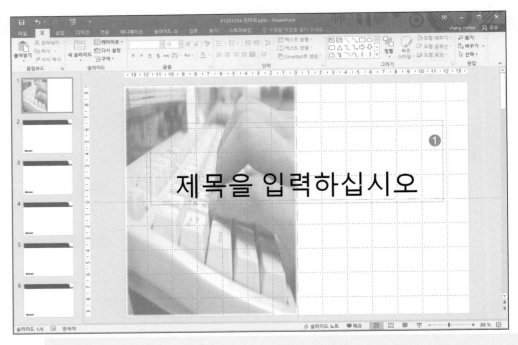

Tip

[삽입] 탭에서 [텍스트] 그룹의 'WordArt'에서 임의의 워드아트를 삽입한 후 편집해도 됩니다. 또는 기본 도형의 '텍스트 상자'에 텍스트를 입력한 후 편집해도 됩니다.

02 텍스트를 입력한 후 ❶제목 개체틀을 선택한 후 ❷[홈] 탭의 ❸[글꼴] 그룹에서 '글꼴 : 돋움'을 선택하고 ❹'굵게'를 선택합니다.

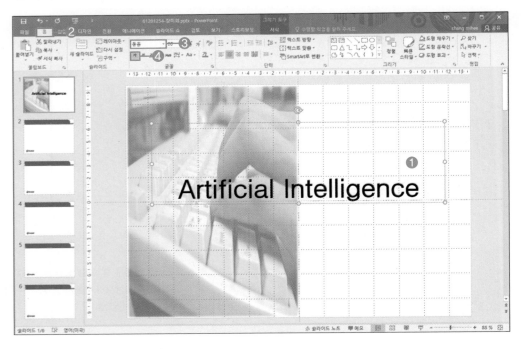

03 변환 효과를 적용하기 위해 ❶텍스트 개체 틀을 선택한 후 ❷[그리기 도구]–[서식] 탭에서 ❸ [WordArt 스타일] 그룹의 '텍스트 효과'를 클릭합니다. ❹'변환'에서 ❺'삼각형'을 선택합니다.

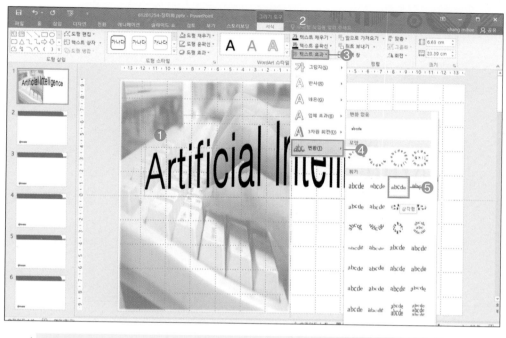

Tip
변환 효과에서 모양 위에 마우스를 올려 놓으면 옵션 명이 표시됩니다. 확인한 후 선택합니다.

04 반사 효과를 적용하기 위해 텍스트 개체 틀을 선택한 후 ❶[그리기 도구]–[서식] 탭에서 ❷ [WordArt 스타일] 그룹의 '텍스트 효과'를 클릭합니다. ❸'반사'에서 ❹'근접 반사, 4pt 오프셋' 을 선택합니다.

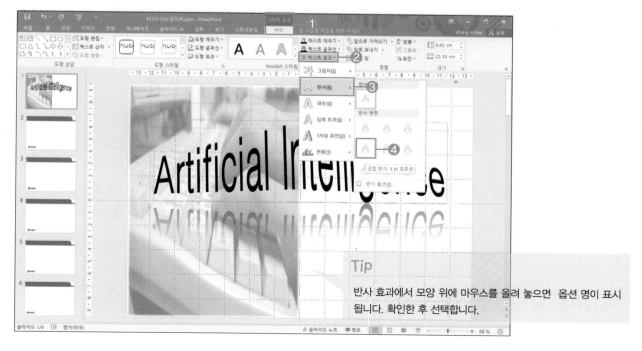

Tip
반사 효과에서 모양 위에 마우스를 올려 놓으면 옵션 명이 표시 됩니다. 확인한 후 선택합니다.

05 워드아트 편집이 완료되면 크기를 조절하고 위치를 ≪출력 형태≫와 같이 배치합니다.

Level UP!

○ 워드아트 모양 변형

워드아트의 노란색 조절점을 드래그하여 워드아트의 모양을 변형시킬 수 있습니다. ≪출력형태≫에 따라 변형해야 하는 경우 사용합니다.

○ 반사 효과

반사 효과 옵션의 규칙을 알아두면 조건의 위치를 바로 찾을 수 있습니다.

	①	②	③
	근접 반사, 터치	½반사, 터치	전체 반사, 터치
	근접 반사, 4pt 오프셋	½반사, 4pt 오프셋	전체 반사, 4pt 오프셋
	근접 반사, 8pt 오프셋	½반사, 4pt 오프셋	전체 반사, 8pt 오프셋

근접 반사는 반사의 형태가 1/3정도 표시되며 1/2반사는 반사가 1/2, 전체 반사는 반사의 형태가 전체로 표시됩니다. 오프셋은 워드아트와 반사의 사이가 벌어진 정도를 나타냅니다.

01 그림을 삽입하기 위해 ❶[삽입] 탭의 [이미지] 그룹에서 ❷[그림]을 클릭합니다.

02 [그림 삽입] 대화상자가 열리면 왼쪽 구성에서 [내 PC]–[문서]– [ITQ]–[Picture] 폴더를 선택하고 ❶'로고 2.jpg' 파일을 더블클릭하여 이미지를 삽입합니다.

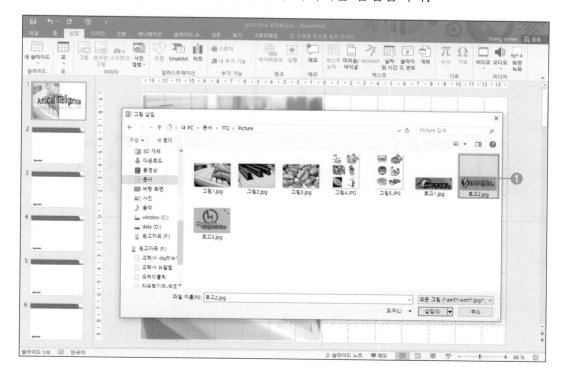

03 ❶삽입된 그림을 선택하고 ❷[그림 도구]–[서식] 탭의 [조정] 그룹에서 ❸[색]의 ❹'투명한 색 설정'을 클릭합니다.

04 ❶마우스 모양이 ⟨↙⟩일 때 그림의 회색 부분을 클릭합니다. 배경색을 삭제하여 투명하게 합니다.

Tip

잘못 선택했다면 Ctrl + Z 를 눌러 이전 상태로 되돌립니다.

05 그림의 크기를 조절하고 ≪출력형태≫와 같이 드래그하여 배치합니다.

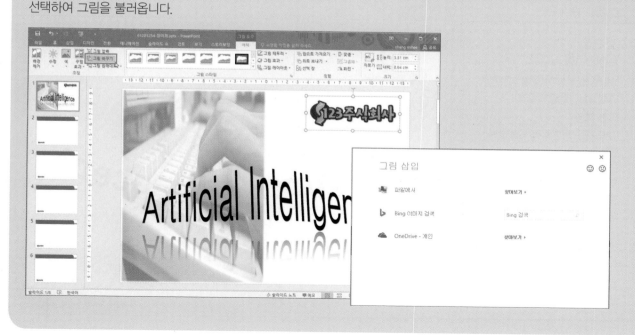

○ 그림을 잘못 삽입한 경우

그림을 잘못 삽입한 경우 삭제하지 않고 그림을 변경하면 크기와 위치는 변하지 않고 그림만 변경이 됩니다.

그림을 선택한 후 [그림 도구]-[서식] 탭의 [조정] 그룹에서 '그림 바꾸기'를 클릭합니다. [그림 삽입] 대화상자에서 파일을 선택하여 그림을 불러옵니다.

01 다음의 조건을 적용하여 슬라이드를 완성하시오.

■ ■ 예제 : 실력팡팡₩2.표지디자인₩표지1.pptx

[슬라이드 1] ≪표지 디자인≫

(40점)

조건 표지 디자인 : 도형, 워드아트 및 그림을 이용하여 작성한다.

세부조건

① 도형 편집
- 도형에 그림 채우기 :
「내 PC₩문서₩ITQ₩Picture₩
그림3.jpg」, 투명도 50%
- 도형 효과 :
(부드러운 가장자리 5포인트)

② 워드아트 삽입
- 변환 : 중지
- 글꼴 : 돋움, 굵게
- 텍스트 반사 : 전체 반사, 터치

③ 그림 삽입
- 「내 PC₩문서₩ITQ₩Picture₩
로고2.jpg」
- 배경(회색) 투명색으로 설정

출력형태

02 다음의 조건을 적용하여 슬라이드를 완성하시오.

■ ■ 예제 : 실력팡팡₩2.표지디자인₩표지2.pptx

[슬라이드 1] ≪표지 디자인≫

(40점)

조건 표지 디자인 : 도형, 워드아트 및 그림을 이용하여 작성한다.

세부조건

① 도형 편집
- 도형에 그림 채우기 :
「내 PC₩문서₩ITQ₩Picture₩
그림1.jpg」, 투명도 50%
- 도형 효과 :
(부드러운 가장자리 10포인트)

② 워드아트 삽입
- 변환 : 아래쪽 원호
- 글꼴 : 궁서, 굵게
- 텍스트 반사 : 근접 반사, 터치

③ 그림 삽입
- 「내 PC₩문서₩ITQ₩Picture₩
로고3.jpg」
- 배경(보라색) 투명색으로 설정

출력형태

03 다음의 조건을 적용하여 슬라이드를 완성하시오.

■ ■ 예제 : 실력팡팡₩2.표지디자인₩표지3.pptx

[슬라이드 1] ≪표지 디자인≫ (40점)

조건 표지 디자인 : 도형, 워드아트 및 그림을 이용하여 작성한다.

세부조건

① 도형 편집
 - 도형에 그림 채우기 :
  「내 PC₩문서₩ITQ₩Picture₩
  그림3.jpg」, 투명도 50%
 - 도형 효과 :
  (부드러운 가장자리 5포인트)

② 워드아트 삽입
 - 변환 : 역갈매기형 수장
 - 글꼴 : 돋움, 굵게
 - 텍스트 반사 : 근접 반사, 8pt 오
  프셋

③ 그림 삽입
 - 「내 PC₩문서₩ITQ₩Picture₩
  로고1.jpg」
 - 배경(회색) 투명색으로 설정

출력형태

04 다음의 조건을 적용하여 슬라이드를 완성하시오.

■ ■ 예제 : 실력팡팡₩2.표지디자인₩표지4.pptx

[슬라이드 1] ≪표지 디자인≫ (40점)

조건 표지 디자인 : 도형, 워드아트 및 그림을 이용하여 작성한다.

세부조건

① 도형 편집
 - 도형에 그림 채우기 :
  「내 PC₩문서₩ITQ₩Picture₩
  그림2.jpg」, 투명도 30%
 - 도형 효과 :
  (부드러운 가장자리 5포인트)

② 워드아트 삽입
 - 변환 : 오른쪽 줄이기
 - 글꼴 : 궁서, 굵게
 - 텍스트 반사 : 전체 반사, 4pt 오
  프셋

③ 그림 삽입
 - 「내 PC₩문서₩ITQ₩Picture₩
  로고2.jpg」
 - 배경(회색) 투명색으로 설정

출력형태

목차 슬라이드

Section 03

슬라이드의 목차를 작성하는 부분으로 프레젠테이션의 전체 내용의 구성의 이해를 돕는 슬라이드입니다. 도형을 삽입하여 도형의 배치와, 그림을 원하는 부분만 자르고, 하이퍼링크를 삽입하는 방법을 학습합니다.

🔶 도형 삽입과 편집

- 도형을 삽입할 때는 [홈] 탭의 [그리기] 또는 [삽입] 탭의 [이미지] 그룹에서 [도형]을 클릭하여 삽입합니다.
- 도형 편집은 [그리기 도구]-[서식] 탭의 [도형 스타일] 그룹에서 '도형 서식'을 클릭합니다.

❶ 도형 삽입

- 도형 삽입 : 도형을 삽입할 때 사용
- 도형 편집 : 삽입된 도형을 다른 도형으로 변경 또는 점 편집을 이용하여 도형 편집
- 텍스트 상자 : 가로, 세로 텍스트 상자 추가
- 도형 병합 : 두 도형을 병합, 결합, 조각, 교차, 빼기

❷ 도형 스타일

- 도형 스타일 갤러리 : 미리 정해진 도형 스타일 적용
- 도형 채우기 : 채우기 효과(색, 그림, 그라데이션, 질감) 적용
- 도형 윤곽선 : 윤곽선의 색, 두께, 모양 등을 지정
- 도형 효과 : 기본 설정, 그림자, 반사, 네온, 부드러운 가장자리, 입체 효과, 3차원 효과 등 적용

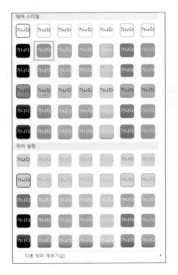 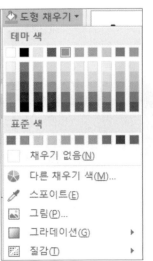 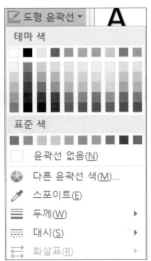

❸ 도형 정렬과 맞춤 배분 /회전

- 맨 앞으로 가져오기 : 선택한 개체를 여러 개체들의 앞으로 또는 맨 앞으로 가져올 때 사용
- 맨 뒤로 보내기 : 선택한 개체를 여러 개체들의 뒤로 또는 맨 뒤로 보낼 때 사용
- 선택 창 : 여러 개체들을 표시하는 작업 창을 실행하며 각 개체들을 선택

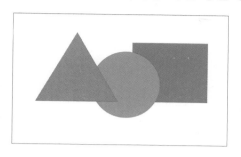 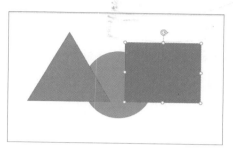

- 맞춤 : 선택한 두 개 이상의 개체 방향 맞춤과 세로 간격, 가로 간격을 지정

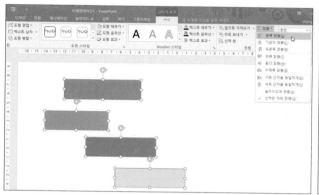 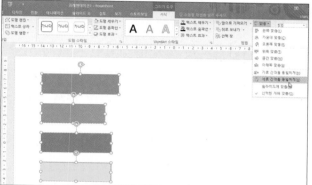

- 그룹 : 두 개 이상의 개체 그룹화
- 회전 : 좌우, 상하 회전, 선택한 개체 회전

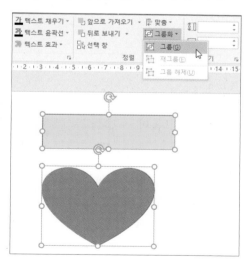 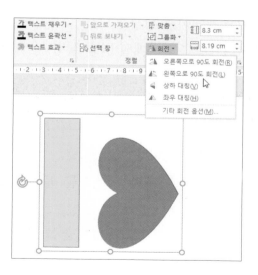

❹ 도형 크기

- 도형의 높이 : 높이 지정
- 도형의 너비 : 너비 지정

🔄 텍스트 상자 삽입

- 도형을 회전하고 텍스트를 입력하면 텍스트도 회전되기 때문에 텍스트 상자를 이용해 따로 삽입합니다.
- [삽입] 탭의 [텍스트] 그룹에서 '가로 텍스트 상자', '세로 텍스트 상자'를 사용합니다.
- 텍스트 상자를 클릭만 하고 텍스트를 입력하면 한 줄로 입력이 되어 크기가 자동 조절됩니다.
- 텍스트 상자를 드래그하여 크기를 조절한 후 입력하면 텍스트 상자의 너비에 맞게 입력되어 텍스트가 넘치면 줄 바꿈하여 자동으로 입력되어 크기를 조절합니다.

〈클릭만 하고 텍스트 입력〉

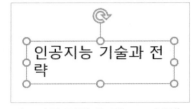
〈크기를 정한 후 텍스트 입력〉

🔄 하이퍼링크

- 하이퍼링크란 개체에 연결된 다른 문서나 슬라이드, 웹 사이트로 이동하는 기능입니다.
- 하이퍼링크는 텍스트, 도형, 그림 등의 개체에 연결할 수 있으며, [삽입] 탭의 [링크] 그룹에서 하이퍼링크 또는 마우스 오른쪽 버튼의 바로가기 메뉴의 하이퍼링크를 클릭합니다.

  - 기존 파일/웹 페이지 : 기존에 작성해 둔 파일이나 문서 혹은 웹 페이지 연결
  - 현재 문서 : 현재 작업 중인 프레젠테이션 슬라이드 연결
  - 새 문서 만들기 : 새 문서 제목을 지정하여 링크로 프레젠테이션 생성
  - 전자메일 주소 : 전자메일 발송 설정

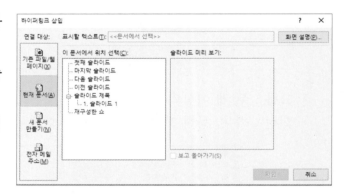

🔄 그림 자르기

- 삽입한 그림을 선택하고 [그림 도구]-[서식] 탭의 [크기] 그룹에서 '자르기'를 선택합니다.
- 테두리에 생긴 격자 위에 마우스를 올려놓고 원하는 부분까지 드래그합니다.
- Shift + 드래그하면 '가로/세로비율'을 유지하면서 자르기가 됩니다.
- '도형에 맞춰 자르기'를 하면 그림이 선택한 도형 모양으로 잘라집니다.

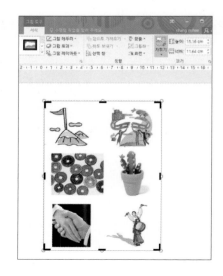

■ ■ ■ 예제 : 출제유형₩3.목차슬라이드.pptx

목차 슬라이드

목차 슬라이드의 배점은 60점이며 도형을 삽입과 편집, 배치 텍스트에 하이퍼링크와 그림 삽입과 자르기 및 이동 등의 작성 능력을 평가합니다.

[슬라이드 2] ≪목차 디자인≫ (40점)

조건 (1) 출력형태와 같이 도형을 이용하여 목차를 작성한다(글꼴 : 굴림, 24pt).
(2) 도형 : 선 없음

세부 조건

① 텍스트에 하이퍼링크 적용
  –〉'슬라이드 4'

② 그림 삽입
  – 「내 PC₩문서₩ITQ₩Picture₩
    그림5.jpg」
  – 자르기 기능 이용

출력형태

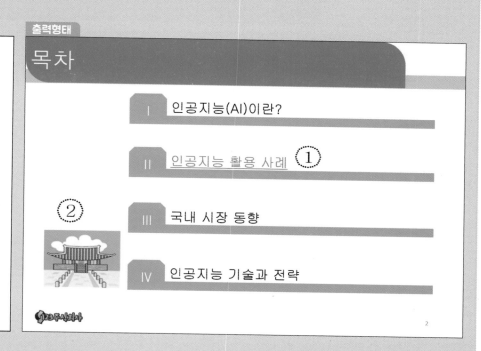

KEY POINT

- 그림 삽입과 자르기 및 정렬
  - 개체 틀에서 그림 삽입
  - [자르기] – [그림 도구 상황] 탭 – [서식] – [크기] – [자르기]
  - [그림 정렬] – [그림 도구 상황] 탭 – [서식] – [정렬] – [맨 뒤로 보내기]
- 도형 삽입과 편집
  - [홈] – [그리기] – [도형] 또는 [삽입] – [일러스트레이션] – [도형]
  - [그리기 도구] – [서식] – [정렬] – [그룹화] 또는 **Ctrl** + **G**
  - 도형 복사 – **Ctrl** + **Shift** +드래그 복사 – 내용 입력
- 하이퍼링크 – 텍스트 블록 설정 후 – 바로가기 메뉴 – [하이퍼링크] 삽입 또는 [삽입] – [링크] – [하이퍼링크]
- 재 저장하기(**Ctrl** + **S**)

01 ❶두 번째 슬라이드를 선택하고 ❷제목 개체 틀에 '목차'를 입력한 후 ❸'개체 틀'의 [그림] 아이
콘을 클릭합니다.

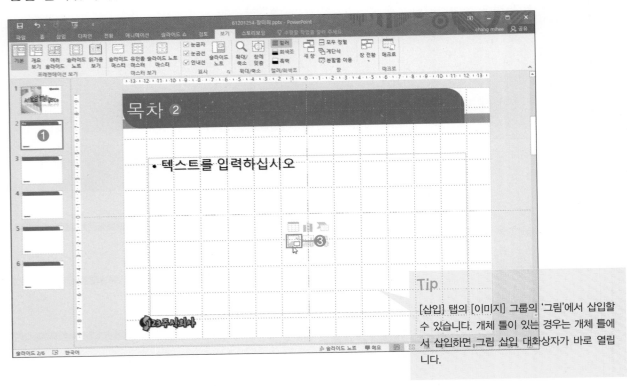

Tip

[삽입] 탭의 [이미지] 그룹의 '그림'에서 삽입할
수 있습니다. 개체 틀이 있는 경우는 개체 틀에
서 삽입하면 그림 삽입 대화상자가 바로 열립
니다.

02 [그림 삽입] 대화상자에서 ❶'내 PCW문서WITQWPictureW그림5.jpg'를 선택하고 더블클릭하
여 삽입합니다.

03 ❶[그림 도구]–[서식] 탭의 ❷[크기] 그룹에서 [자르기]를 클릭합니다. 그림 테두리의 '자르기 도구' 위에 마우스를 올려놓습니다.

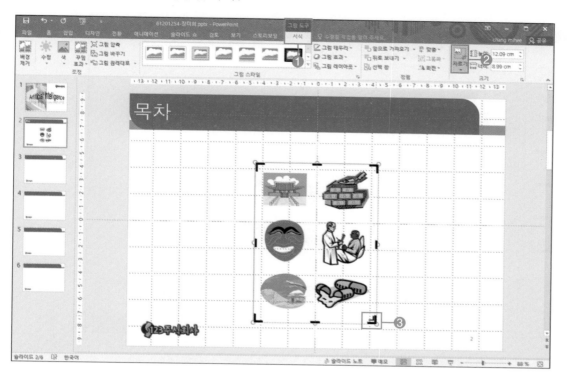

04 ❶오른쪽 하단에서 왼쪽 상단으로 대각선 방향으로 드래그하여 그림을 자릅니다.

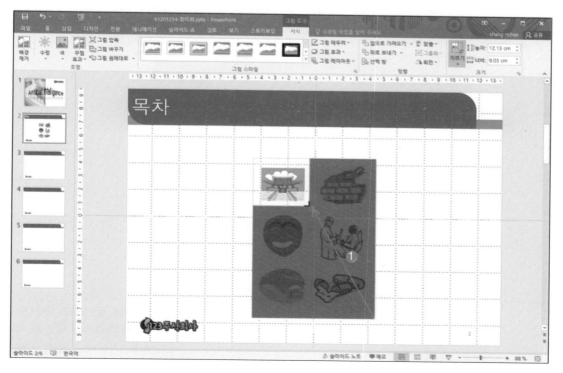

05 ❶왼쪽 상단에서 자르기를 이용하여 여백을 잘라낸 후 ❷비어있는 슬라이드 여백을 클릭하여 자르기를 해제합니다.

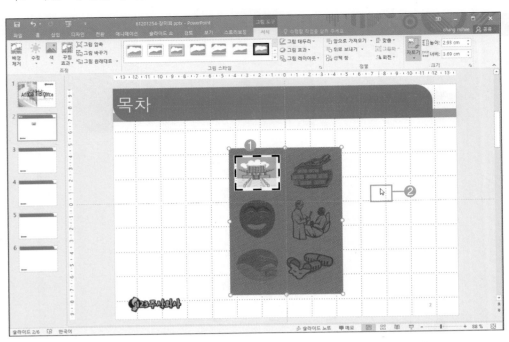

06 《출력형태》에 맞춰 크기를 조절하고 배치합니다.

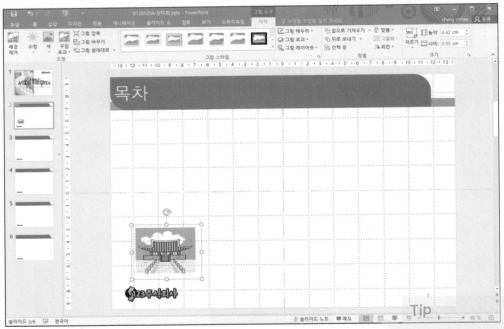

> **Tip**
>
> 그림 자르기를 잘못했다면 다시 [자르기]를 선택하여 조절점으로 다시 자르기를 조절합니다.
>
> 그림을 자르기를 해도 완전히 삭제된 것이 아니므로 복원이 가능합니다.

01 도형의 삽입은 맨 아래에 있는 도형부터 삽입하면 정렬이나 배치가 쉽습니다. ❶[삽입] 탭의 [일러스트레이션] 그룹에서 ❷'도형'의 ❸'사각형'의 '사각형'을 선택합니다.

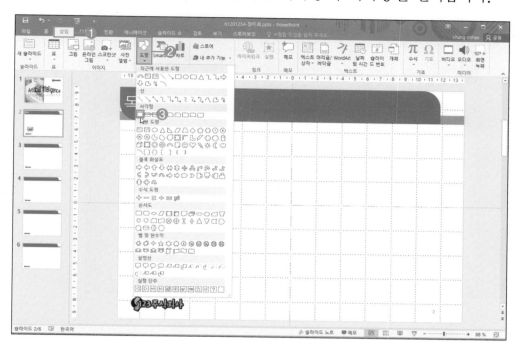

02 짧게 그리면 텍스트의 길이에 따라 다시 조절해야 합니다. ❶《출력형태》에 맞춰 길이와 너비를 조절하여 삽입합니다.

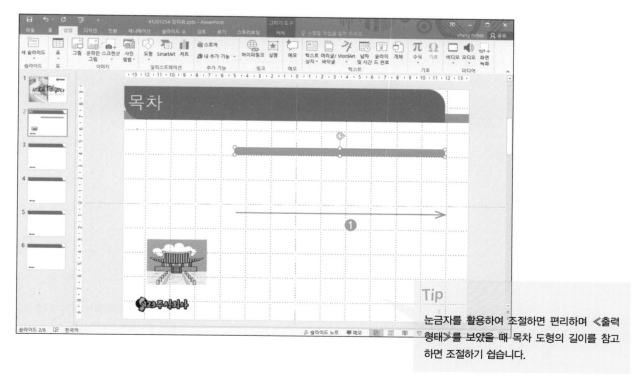

Tip
눈금자를 활용하여 조절하면 편리하며 《출력형태》를 보았을 때 목차 도형의 길이를 참고하면 조절하기 쉽습니다.

03 번호가 입력되어 있는 도형을 삽입하기 위해 ❶[삽입] 탭의 ❷[일러스트레이션] 그룹에서 '도형'
에서 ❸'사각형'의 '양쪽 모서리가 잘린 사각형'을 선택합니다.

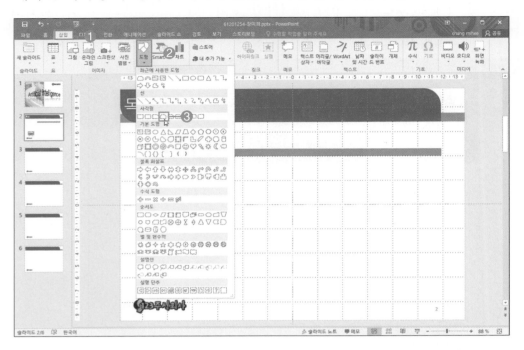

04 도형을 ❶≪출력형태≫와 같이 드래그하여 긴 도형 위에 배치합니다.

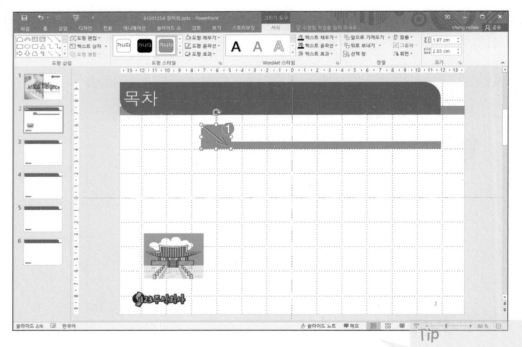

Tip

도형이 회전되어 있는 경우 회전 화살표를 이
용해 회전할 수 있습니다.

05 도형을 선택한 상태에서 ❶'ㅈ'을 입력한 후 키보드의 [한자]를 누릅니다. ❷우측 하단의 '보기 변경'을 클릭합니다. ❸≪출력형태≫에 맞는 '로마자'를 더블클릭하여 삽입합니다.

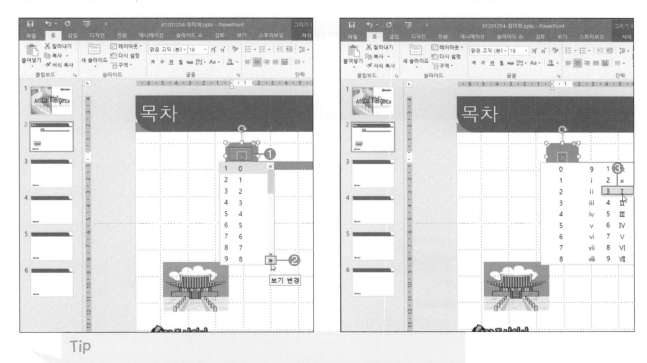

Tip

특수기호 등을 삽입할 때 자음+[한자]를 누릅니다. 글자 색이 흰색인지 검은색인지 확인합니다.

06 텍스트 상자를 삽입하기 위해 ❶[삽입] 탭의 ❷[일러스트레이션] 그룹에서 '도형'의 ❸'기본 도형'의 '텍스트 상자'를 선택합니다.

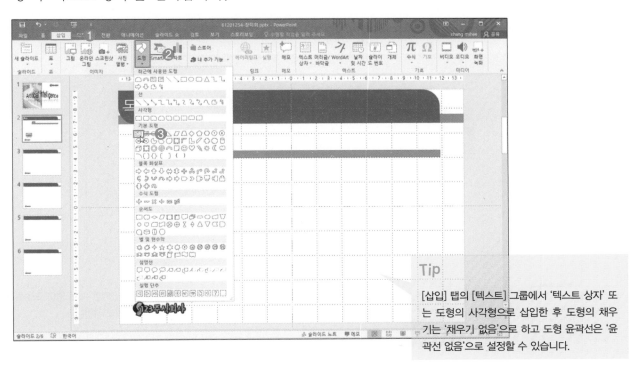

Tip

[삽입] 탭의 [텍스트] 그룹에서 '텍스트 상자' 또는 도형의 사각형으로 삽입한 후 도형의 채우기는 '채우기 없음'으로 하고 도형 윤곽선은 '윤곽선 없음'으로 설정할 수 있습니다.

07 선택한 텍스트 상자를 클릭만 한 후 텍스트를 입력합니다. 입력이 완료되면 텍스트 상자를 ≪출력형태≫에 맞게 배치합니다.

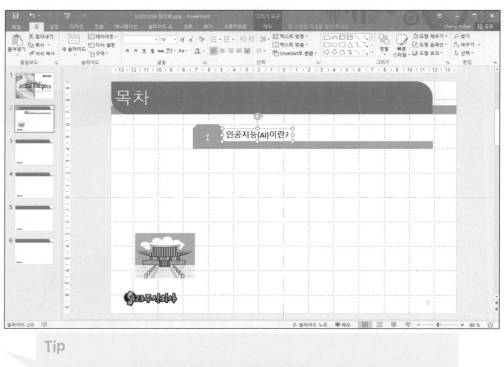

08 ❶ _Shift_ 를 누르고 클릭하여 모든 도형을 선택한 후 ❷[그리기 도구]−[서식] 탭의 ❸[정렬] 그룹에서 '그룹화'의 '그룹'을 클릭합니다. 단축키 _Ctrl_ + _G_ 또는 마우스 오른쪽 단추를 눌러 '그룹화−그룹'을 선택해도 됩니다.

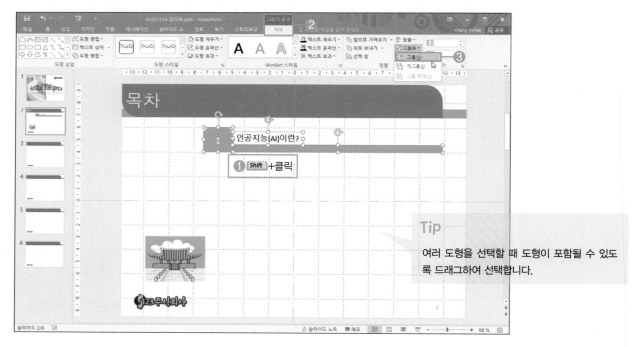

09 ❶그룹화된 도형이 선택된 상태에서 ❷[그리기 도구]–[서식] 탭의 ❸[도형 스타일] 그룹에서 [도형 윤곽선]을 클릭하여 ❹'윤곽선 없음'을 선택합니다.

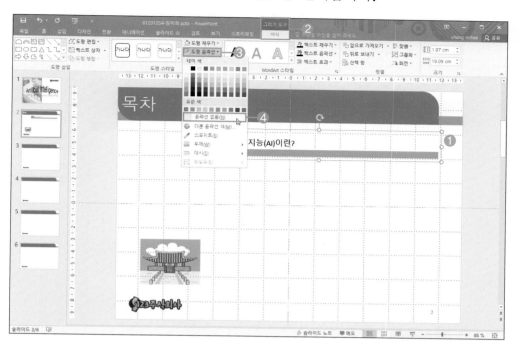

10 글꼴을 설정하기 위해 ❶그룹화된 도형이 선택된 상태에서 ❷[홈] 탭의 ❸[글꼴] 그룹에서 '글꼴 : 굴림', '글자 크기 : 24pt'를 설정합니다.

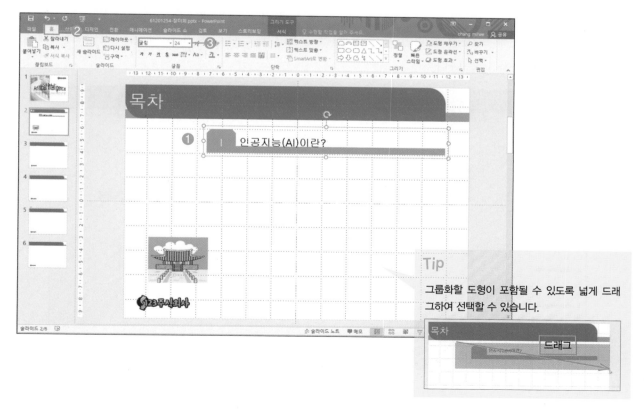

Tip

그룹화할 도형이 포함될 수 있도록 넓게 드래그하여 선택할 수 있습니다.

11 그룹화된 도형들은 그룹화된 상태에서 수정이 가능합니다. 그룹화된 전체 도형을 선택한 상태에서 안쪽 텍스트 상자를 한 번 더 선택한 후 ≪출력형태≫에 맞게 위치를 조절합니다.

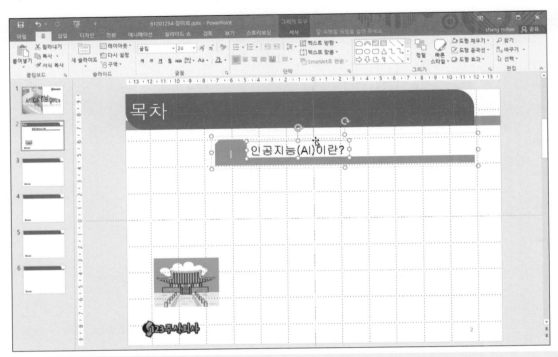

Tip

그룹화된 도형이 선택되면 조절점이 바깥쪽에 6개가 생성되며 그룹 안쪽 도형을 선택하면 안쪽 도형의 조절점이 추가로 생성이 됩니다. 그룹화된 전체 도형인지 안쪽 도형만 선택된 것인지 확인합니다.

12 그룹화된 전체 도형을 선택한 후 ❶ Ctrl + Shift + 드래그하여 수직 복사합니다. 3개를 복사하여 목록 4개를 만듭니다.

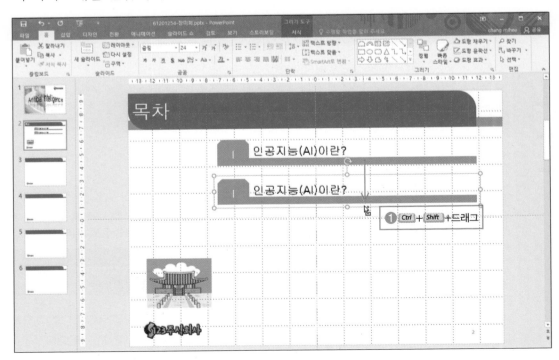

13 텍스트를 수정합니다. 텍스트 부분에 마우스를 올려 놓으면 마우스 포인터가 'I' 모양으로 바뀝니다. 로마자를 블록 지정한 후 동일한 방법으로 Ⅱ를 삽입하여 수정합니다.

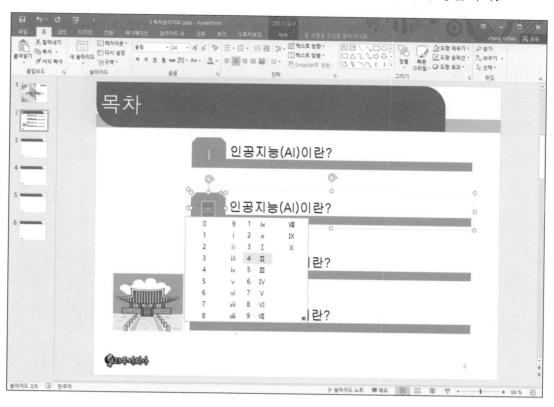

14 번호와 텍스트를 모두 수정하고 ≪출력형태≫에 맞춰 그림과 도형의 배치를 조절합니다.

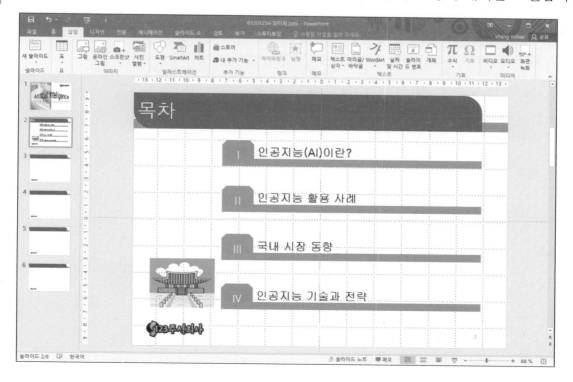

01 텍스트에 하이퍼링크를 삽입하기 위해 ❶텍스트를 드래그하여 영역을 설정합니다. ❷[삽입] 탭의 ❸[링크] 그룹에서 '하이퍼링크'를 클릭합니다.

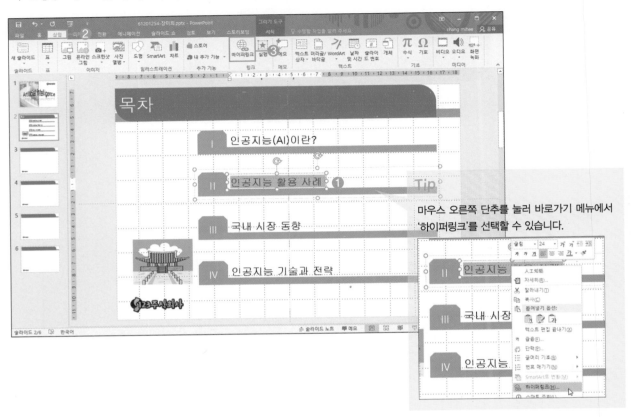

마우스 오른쪽 단추를 눌러 바로가기 메뉴에서 '하이퍼링크'를 선택할 수 있습니다.

02 [하이퍼링크 삽입] 대화상자에서 ❶[현재 문서]를 클릭한 후 ❷[이 문서에서 위치 선택]에서 '4. 슬라이드 4'를 선택하고 ❸[확인]을 클릭합니다.

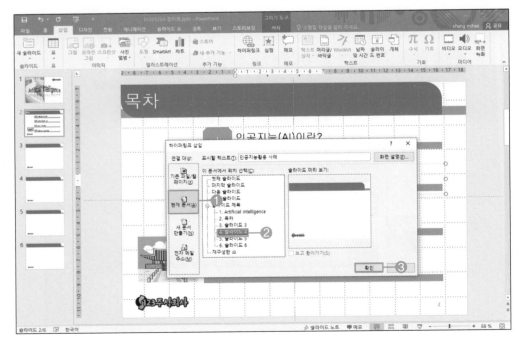

03 하이퍼링크가 설정되면 텍스트에 밑줄이 생기고 글자색이 변합니다.

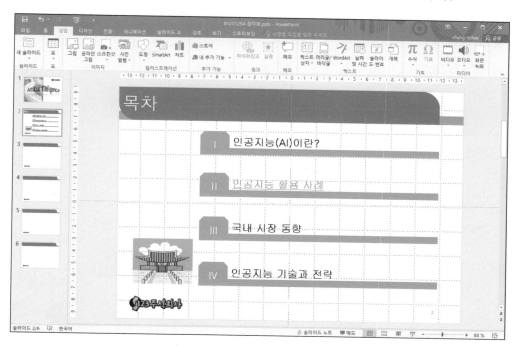

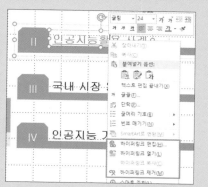

Level UP!

○ 하이퍼링크를 잘못 삽입한 경우

하이퍼링크 부분에 클릭한 후 마우스 오른쪽 단추를 누른 후 바로가기 메뉴에서 '편집', '열기', '제거'를 할 수 있습니다.

○ 하이퍼링크를 삽입할 때 마우스 오른쪽 단추의 '하이퍼링크'가 활성화되지 않는 경우

단어에 맞춤법 검사가 적용된 경우에는 하이퍼링크 바로가기 메뉴가 표시되지 않습니다. 《출력형태》와 같이 입력한 경우 [모두 건너뛰기]를 한 후 다시 마우스 오른쪽 단추를 누르면 '바로가기 메뉴'가 활성화됩니다.

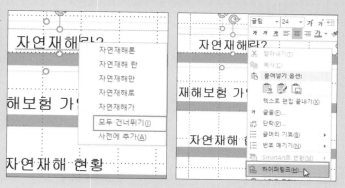

01 다음의 조건을 적용하여 슬라이드를 완성하시오.

■ ■ 예제 : 실력팡팡\3.목차슬라이드\목차1.pptx

[슬라이드 2] ≪목차 디자인≫

(60점)

조건　(1) 출력형태와 같이 도형을 이용하여 목차를 작성한다(글꼴 : 굴림, 24pt).
　　　　 (2) 도형 : 선 없음

세부조건

① 텍스트에 하이퍼링크 적용
　→ '슬라이드 4'

② 그림 삽입
　–「내 PC\문서\ITQ\Picture\
　　 그림4.jpg」
　– 자르기 기능 이용

출력형태

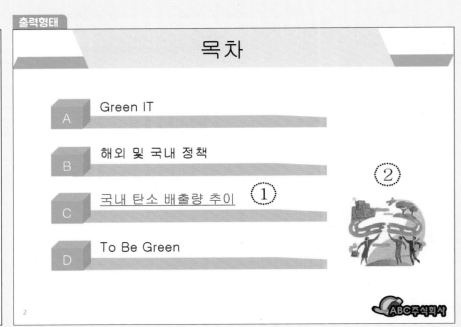

02 다음의 조건을 적용하여 슬라이드를 완성하시오.

■ ■ 예제 : 실력팡팡\3.목차슬라이드\목차2.pptx

[슬라이드 2] ≪목차 디자인≫

(60점)

조건　(1) 출력형태와 같이 도형을 이용하여 목차를 작성한다(글꼴 : 굴림, 24pt).
　　　　 (2) 도형 : 선 없음

세부조건

① 텍스트에 하이퍼링크 적용
　→ '슬라이드 6'

② 그림 삽입
　–「내 PC\문서\ITQ\Picture\
　　 그림4.jpg」
　– 자르기 기능 이용

출력형태

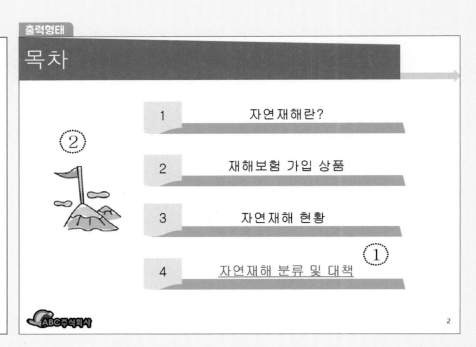

03 다음의 조건을 적용하여 슬라이드를 완성하시오.

■ ■ 예제 : 실력팡팡\3.목차슬라이드\목차3.pptx

[슬라이드 2] ≪목차 디자인≫ (60점)

조건 (1) 출력형태와 같이 도형을 이용하여 목차를 작성한다(글꼴 : 돋움, 24pt).
(2) 도형 : 선 없음

세부조건

① 텍스트에 하이퍼링크 적용
–〉'슬라이드 4'

② 그림 삽입
– 「내 PC\문서\ITQ\Picture\
그림4.jpg」
– 자르기 기능 이용

출력형태

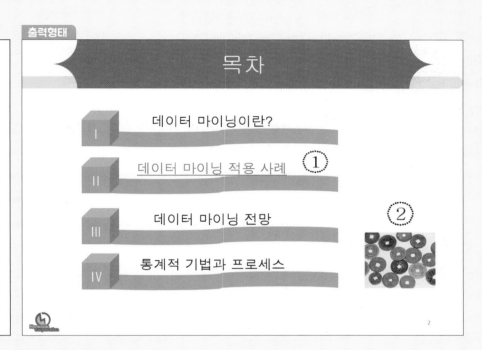

04 다음의 조건을 적용하여 슬라이드를 완성하시오.

■ ■ 예제 : 실력팡팡\3.목차슬라이드\목차4.pptx

[슬라이드 2] ≪목차 디자인≫ (60점)

조건 (1) 출력형태와 같이 도형을 이용하여 목차를 작성한다(글꼴 : 돋움, 24pt).
(2) 도형 : 선 없음

세부조건

① 텍스트에 하이퍼링크 적용
–〉'슬라이드 5'

② 그림 삽입
– 「내 PC\문서\ITQ\Picture\
그림5.jpg」
– 자르기 기능 이용

출력형태

텍스트/동영상 슬라이드

04 Section

텍스트/동영상 슬라이드를 작성하는 부분으로 주제에 맞는 자료의 요약과 관련된 동영상을 통해 프레젠테이션의 발표하고자 하는 내용을 명확하게 알리는 슬라이드입니다. 텍스트의 단락과 글머리 기호로 가독성을 높이고 동영상을 삽입하는 방법을 학습합니다.

글머리 기호

- 문단의 글 목록을 가독성 있는 문서로 만들기 위해 기호 및 숫자로 구분합니다.
- [홈] 탭에서 [단락] 그룹의 [글머리 기호]에서 설정합니다.
- 목록에 글머리 기호가 없는 경우 [사용자 지정] 단추를 클릭하여 '글꼴'에서 'Webdings, Wingdings, Wingdings2, Wingdings3'에서 글머리 기호를 입력합니다.

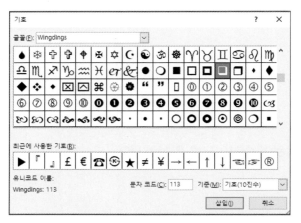

단락 줄 간격 조절하기

- 들여쓰기를 설정할 수 있습니다.
- 단락과 단락 사이의 앞/뒤 간격과 줄 간격을 조절할 수 있습니다.
- 임의로 줄 간격을 조절하려면 줄 간격을 '배수'로 설정한 후 입력합니다.

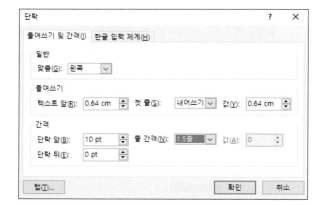

➡ 문단 구분과 텍스트 블록 설정

- 단락과 단락의 구분은 Tab 으로 구분합니다.
- 단락 수준 내리기 Tab , 단락 수준을 다시 올리려면 Shift + Tab 을 누릅니다.
- 문단과 문단은 Enter 로 구분하며, 문단은 바뀌지 않고 강제 줄바꿈은 Shift + Enter 를 누릅니다.

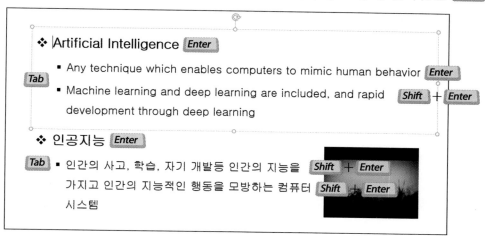

➡ 텍스트 상자 자동 맞춤 중지

- 텍스트 상자에 텍스트를 입력하게 되면 상자 크기에 따라 텍스트 크기가 자동으로 변경됩니다.
- 텍스트 상자 크기에 관계없이 텍스트 크기를 고정할 수 있습니다.
- 텍스트 상자 크기보다 많은 텍스트를 입력하면 텍스트 크기가 자동으로 조절됩니다. 텍스트 상자 안에 클릭하면 왼쪽 하단에 '자동 고침 옵션 조절' 메뉴가 생깁니다. 옵션 단추를 클릭하여 '이 개체 틀에 텍스트 맞춤 중지'를 선택합니다.
- '자동 고침 옵션 조절' 단추가 생성되지 않는다면 텍스트 상자를 클릭한 후 '도형 서식' 메뉴에서 '텍스트 옵션'– 텍스트 상자의 '자동 맞춤 안 함'을 선택합니다.
- 텍스트 상자를 클릭한 후 마우스 오른쪽 단추를 눌러 바로가기 메뉴의 '도형 서식'을 클릭하여 선택할 수 있습니다.

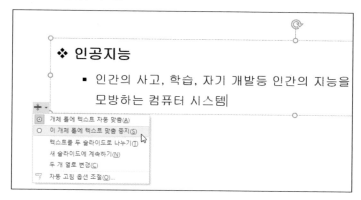

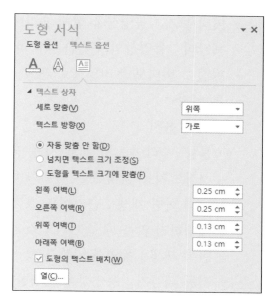

🔵 동영상 삽입

- 동영상을 삽입하면 프레젠테이션이 훨씬 더 생동감이 생기고 이해도가 높으며 청중들의 집중을 유도할 수 있습니다.
- [삽입] 탭의 [미디어] 그룹에서 [비디오]를 클릭하여 '내 PC의 비디오'를 클릭한 후 [동영상 삽입] 대화상자에서 동영상을 더블클릭하여 삽입할 수 있습니다.

- [비디오 도구]–[재생] 탭에서 미리보기, 책갈피, 비디오 트리밍, 페이드, 비디오 옵션 등을 설정할 수 있습니다.

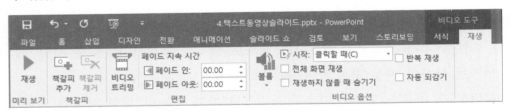

- 미리 보기 : 동영상을 현재 슬라이드 창에서 미리 재생
- 책갈피 : 동영상의 구간을 책갈피를 추가하면 필요시 원하는 구간으로 빠르게 이동 가능
- 편집 : 비디오 트리밍으로 재생 구간만 설정 / 페이드 인과 아웃으로 자연스럽게 시작하고 끝나도록 설정
- 비디오 옵션
  - 볼륨 : 슬라이드 쇼 진행 시 동영상 음량 조절
  - 시작 : 자동 실행 또는 클릭할 때
  - 전체 화면 재생 : 슬라이드 쇼 진행 시 전체 화면으로 재생
  - 재생하지 않을 때 숨기기 : 쇼 실행 시 재생하지 않을 때 동영상 숨김
  - 반복 재생 : 동영상 반복 재생
  - 자동 되감기 : 동영상을 재생한 후 첫 프레임으로 되감기

■ ■ 예제 : 출제유형₩4.텍스트동영상슬라이드.pptx

텍스트/동영상 슬라이드

파워포인트의 텍스트 슬라이드로 배점은 60점이며 텍스트의 단락 구성과 글머리 기호, 줄 간격 등을 지정하고 동영상을 삽입한 후 옵션을 지정하는 작성 능력을 평가합니다.

[슬라이드 3] ≪텍스트/동영상 슬라이드≫ (60점)

조건 (1) 텍스트 작성 : 글머리 기호 사용(❖, ▪)

❖문단(굴림, 24pt, 굵게, 줄간격 : 1.5줄), ▪ 문단(굴림, 20pt, 줄간격 : 1.5줄)

세부 조건

① 동영상 삽입 :
– 「내 PC₩문서₩ITQ₩Picture₩
  동영상.wmv」
– 자동실행, 반복재생 설정

출력형태

Ⅰ.인공지능(AI)이란?

❖ **Artificial Intelligence**
  ▪ Any technique which enables computers to mimic human behavior
  ▪ Machine learning and deep learning are included, and rapid development through deep learning

❖ **인공지능**
  ▪ 인간의 사고, 학습, 자기 개발등 인간의 지능을 가지고 인간의 지능적인 행동을 모방하는 컴퓨터 시스템

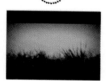

①

123문서회사

3

KEY POINT

- 텍스트 편집과 글머리 기호
  - [자동 고침 옵션 조절] : [이 개체 틀에 텍스트 맞춤 중지(S)]
  - [글꼴 변경] : [홈] 탭 – [글꼴] / [단락] – [줄 간격]
  - [글머리 기호 변경] : [홈] 탭 – [단락] – [글머리 기호]
- 단락 지정 : 한 수준 내리기 `Tab` , 한 수준 올리기 : `Shift` + `Tab`
- 텍스트 줄 바꿈 : `Enter` : 줄 바꿈 / `Shift` + `Enter` : 문단을 바꾸지 않고 행만 바꿈
- 동영상 삽입
  - [삽입] : [미디어] – [비디오] – [내 PC 비디오]
  - [동영상 도구] : [재생] – [비디오 옵션] – [자동 실행 / 반복 재생]
- 재 저장하기(`Ctrl` + `S`)

01 ❶세 번째 슬라이드를 선택하고 ❷제목 개체 틀에 'ㅈ'을 입력한 후 키보드의 [한자]를 눌러 ❸특수 문자가 표시되면 '보기 옵션'을 클릭합니다.

> **Tip**
>
> 눈금선과 안내선이 필요 없으면 해제한 후 편집합니다.
> [보기] 탭의 [표시] 그룹에서 눈금선과 안내선 체크 해제

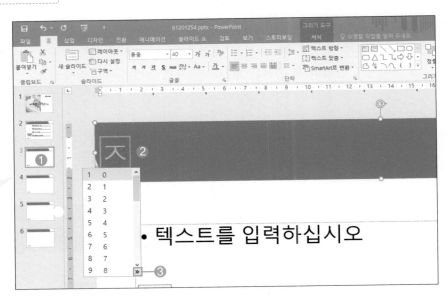

02 로마자 'Ⅰ'을 더블클릭하여 입력합니다.

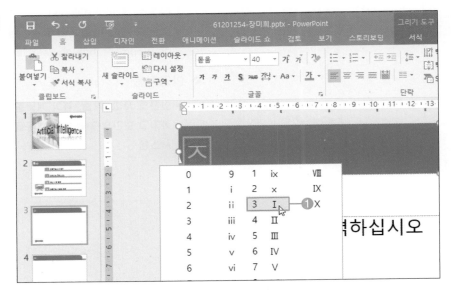

03 제목을 모두 입력합니다.

> **Tip**
>
> 로마자와 한글의 띄어쓰기는 하지 않아도 됩니다.

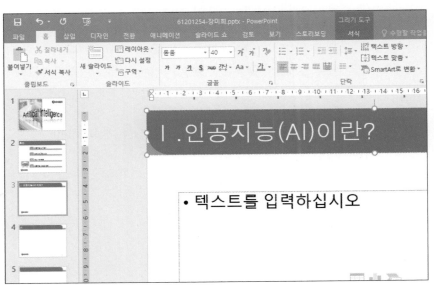

04 개체 틀에 내용을 입력합니다. 문단이 바뀌면 Enter 를 눌러 입력하고, 한 문단에서 여러 줄을 입력하는 경우 문단을 강제 줄 바꿈하기 위해 Shift + Enter 를 눌러 입력합니다.

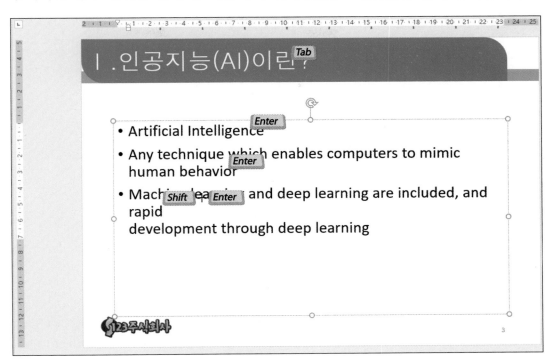

05 입력이 끝나면 글꼴을 설정합니다. 첫 번째 줄의 텍스트를 블록 설정한 후 ❶[홈] 탭의 ❷[글꼴] 그룹에서 ❸'글꼴 : 굴림', '글자 크기 : 24pt'를 설정한 후 ❹'굵게'를 설정합니다.

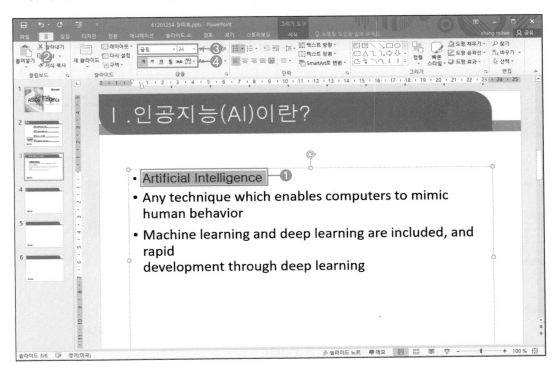

06 글머리 기호와 줄 간격을 변경합니다. [홈] 탭의 [단락] 그룹에서 ❶'글머리기호'의 목록 단추를 클릭한 후 ❷'별표 글머리 기호'를 선택합니다.

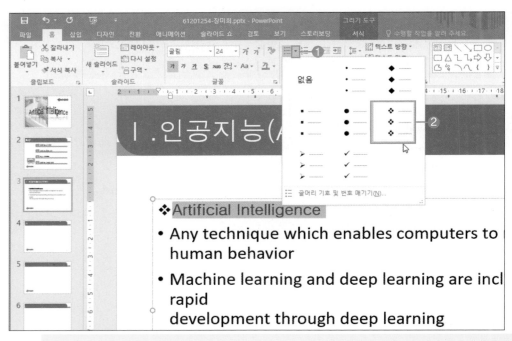

> **Tip**
>
> 목록에 글머리 기호가 없는 경우 [사용자 지정] 단추를 클릭하여 '글꼴'에서 'Webdings, Wingdings, Wingdings2, Wingdings3'에서 글머리 기호를 입력합니다.

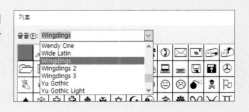

07 [홈] 탭의 ❶[단락] 그룹에서 ❷'줄 간격: 1.5'를 클릭합니다.

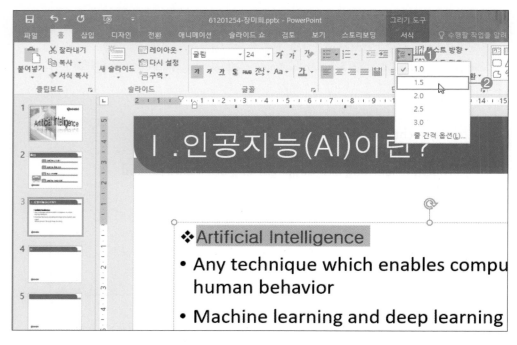

08 글머리 기호와 영문 사이를 '한 칸 띄어쓰기'를 하여 완성합니다.

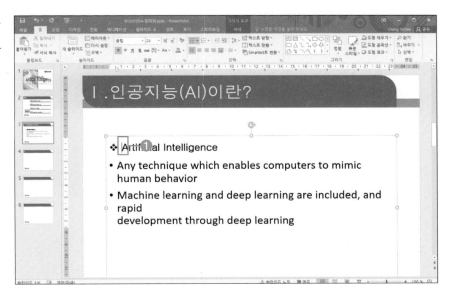

09 ❶두 번째 텍스트 단락을 블록 설정한 후 키보드의 Tab 을 눌러 단락을 한 수준 내립니다.

Tip

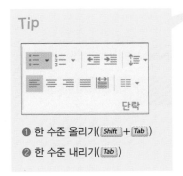

❶ 한 수준 올리기(Shift + Tab)

❷ 한 수준 내리기(Tab)

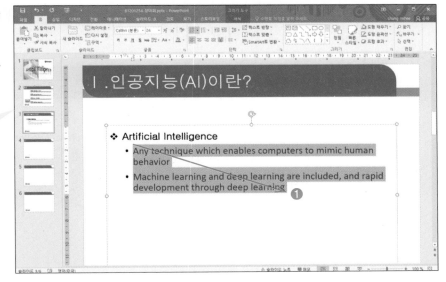

10 두 번째 단락이 블록 설정된 상태에서 ❶[홈] 탭의 [글꼴] 그룹에서 ❷'글꼴 : 굴림', '글자 크기 : 20pt'를 설정합니다.

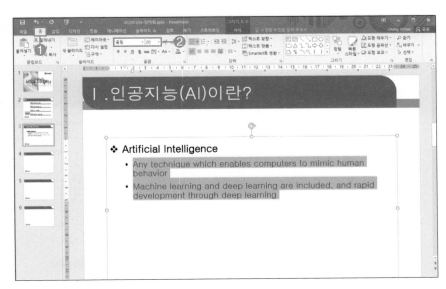

11 글머리 기호를 변경하기 위해 [홈] 탭의 [단락] 그룹에서 ❶'글머리기호'의 목록 단추를 클릭한 후 ❷'속이 찬 정사각형 글머리 기호'를 선택합니다.

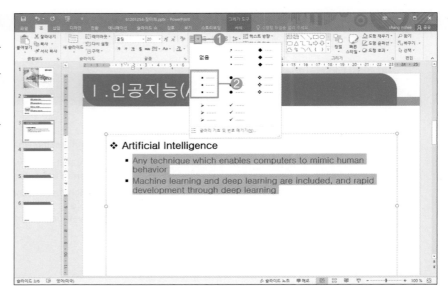

12 [홈] 탭의 ❶[단락] 그룹에서 ❷'줄 간격: 1.5'를 클릭합니다.

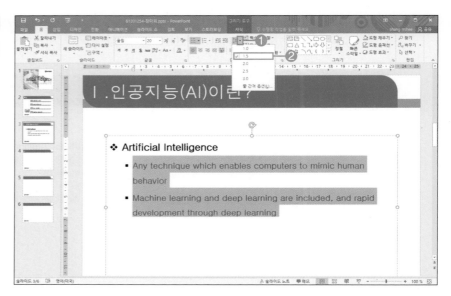

13 텍스트 개체 틀의 크기를 조절합니다. 텍스트 상자를 입력한 내용보다 작게 줄이면 글씨 크기가 작아집니다. 이런 경우 텍스트 상자 안에 클릭하여 커서를 상자 안쪽에 두고 ❶왼쪽 하단에 '자동 고침 옵션' 단추가 표시됩니다. ❷'이 개체 틀에 텍스트 맞춤 중지'를 선택합니다.

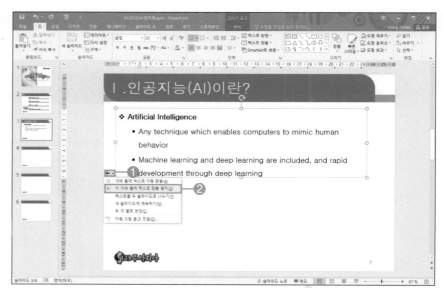

14 영문 텍스트 상자를 위쪽에 배치한 후 ❶ `Ctrl` + `Shift` +드래그하여 아래쪽으로 수직복사합니다.

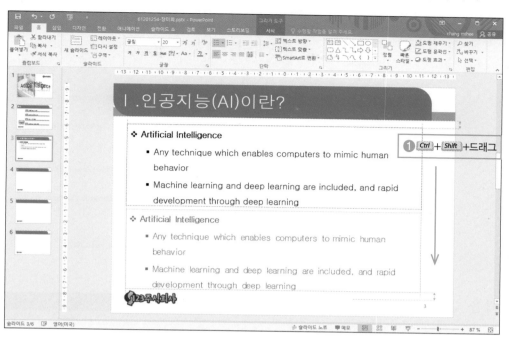

글머리 기호와 텍스트 사이는 《출력형태》에 따라 간격이 조절되어야 합니다. 띄어쓰기를 해도 되고 [보기] - [눈금자]를 체크하여 눈금자에서 설정할 수 있습니다.

조절할 문단을 영역 설정한 후 눈금자의 (　　　　　) 역삼각형은 글머리 기호를 이동할 수 있으며, 삼각형은 텍스트를 이동하고 사각형은 글머리 기호와 텍스트를 동시에 이동할 수 있습니다.

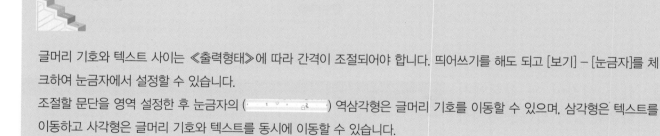

15 복사된 영문 텍스트 상자의 첫 번째 단락을 블록 설정한 후 '인공지능'을 입력합니다.

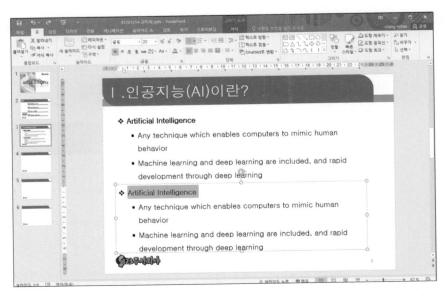

16 두 번째 단락을 블록 설정합니다.

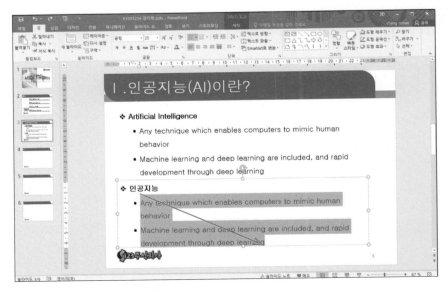

17 블록 설정이 된 상태에서 다음과 같이 입력을 완성합니다.

Tip

문단을 나누지 않고 이어서 입력하는 경우 텍스트 상자를 조절하여 문단의 끝을 맞춥니다.

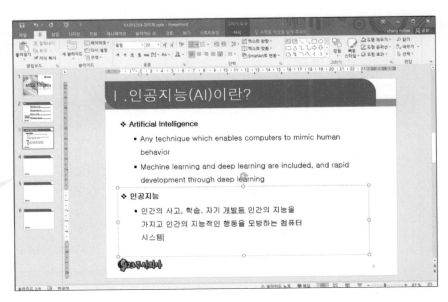

01 ❶[삽입] 탭의 [미디어] 그룹에서 ❷[비디오]의 ❸'내 PC의 비디오'를 클릭합니다. [동영상 삽입] 대화상자에서 ❹'내 PC₩문서₩ITQ₩Picture₩동영상.wmv' 파일을 더블클릭하여 삽입합니다.

02 ❶[비디오 도구]-[재생] 탭의 [비디오 옵션] 그룹에서 ❷'반복 재생'에 체크한 후 ❸'시작'의 목록 단추를 눌러 '자동 실행'을 선택합니다.

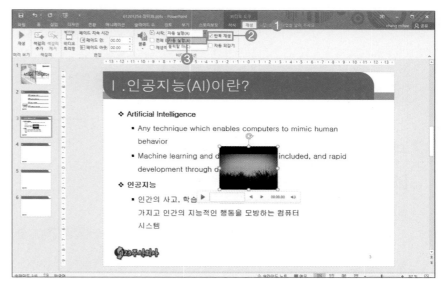

03 동영상을 드래그하여 ≪출력형태≫와 같이 크기를 조절하고 배치하여 완성합니다.

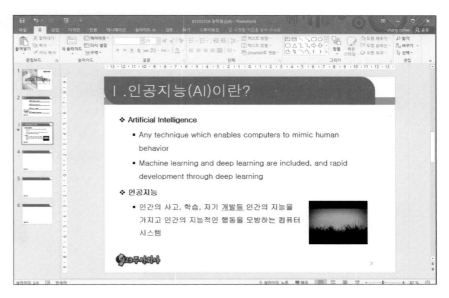

01 다음의 조건을 적용하여 슬라이드를 완성하시오.

■ ■ 예제 : 실력팡팡₩4.텍스트슬라이드₩텍스트1.pptx

[슬라이드 3] ≪텍스트/동영상 슬라이드≫ (60점)

조건 (1) 텍스트 작성 : 글머리 기호 사용(◆, ▪)

◆문단(굴림, 24pt, 굵게, 줄간격 : 1.5줄), ▪문단(굴림, 20pt, 줄간격 : 1.5줄)

세부조건

① 동영상 삽입 :
- 「내 PC₩문서₩ITQ₩Picture₩ 동영상.wmv」
- 자동실행, 반복재생 설정

출력형태

Ⅰ.Green IT

◆ Green by IT

- Green by IT Energy/IT convergence to maximize the efficient use of resources, facilitate the transition of a low-carbon society
- Real-time enviromental monitoring and early disaster response system as it will enhance your responsiveness to climate change

◆ 그린 IT 기반

- '저탄소 녹색성장'을 국가비전으로 제시하면서 '녹색 뉴딜 정책'발표
- 환경문제 및 에너지 소비 효율화 등 녹색성장 기반

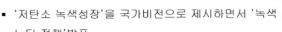

3

02 다음의 조건을 적용하여 슬라이드를 완성하시오.

■ ■ 예제 : 실력팡팡₩4.텍스트슬라이드₩텍스트2.pptx

[슬라이드 3] ≪텍스트/동영상 슬라이드≫ (60점)

조건 (1) 텍스트 작성 : 글머리 기호 사용(❖, ✓)

❖문단(굴림, 24pt, 굵게, 줄간격 : 1.5줄), ✓문단(굴림, 20pt, 줄간격 : 1.5줄)

세부조건

① 동영상 삽입 :
- 「내 PC₩문서₩ITQ₩Picture₩ 동영상.wmv」
- 자동실행, 반복재생 설정

출력형태

1.자연재해란?

❖ 자연재해

- ✓ 태풍, 홍수, 호우, 폭풍, 폭설등 기타 이에 준하는 자연현상으로 발생하는 피해
- ✓ 자연계의 특이한 현상 가운데 인간생활에 해를 끼치는 재난

❖ Natural disasters

- ✓ Due to the diversity of the causes and consequences of natural disasters due to natural phenomena say it can be divided into several

3

03 다음의 조건을 적용하여 슬라이드를 완성하시오.

■ ■ 예제 : 실력팡팡₩4.텍스트슬라이드₩텍스트3.pptx

[슬라이드 3] ≪텍스트/동영상 슬라이드≫ (60점)

조건 (1) 텍스트 작성 : 글머리 기호 사용(❑, ✓)

❑문단(돋움, 24pt, 굵게, 줄간격 : 1.5줄), ✓문단(돋움, 20pt, 줄간격 : 1.5줄)

세부조건

① 동영상 삽입 :
- 「내 PC₩문서₩ITQ₩Picture₩
  동영상.wmv」
- 자동실행, 반복재생 설정

출력형태

Ⅰ.데이터 마이닝이란?

❑ **데이터 마이닝**
  ✓ 대용량의 데이터로부터 데이터 내에 존재하는
    관계, 패턴, 규칙에서 지식을 추출하는 과정
  ✓ 대용량 데이터에 대한 탐색적 분석

①

❑ **Data Mining**
  ✓ Data mining is a process used by companies to turn raw data
    into useful information
  ✓ Depends on effective data collection, warehousing, and
    computer processing

3

04 다음의 조건을 적용하여 슬라이드를 완성하시오.

■ ■ 예제 : 실력팡팡₩4.텍스트슬라이드₩텍스트4.pptx

[슬라이드 3] ≪텍스트/동영상 슬라이드≫ (60점)

조건 (1) 텍스트 작성 : 글머리 기호 사용(◆, •)

◆문단(돋움, 24pt, 굵게, 줄간격 : 1.5줄), •문단(돋움, 20pt, 줄간격 : 1.5줄)

세부조건

① 동영상 삽입 :
- 「내 PC₩문서₩ITQ₩Picture₩
  동영상.wmv」
- 자동실행, 반복재생 설정

출력형태

가.IoT 시스템이란?

◆ **사물인터넷**
  • 사물과 사물 또는 사람과 사물이 네트워크로 서로 연결되어
    사물 간 정보를 공유하는 것
  • 가전제품, 헬스케어, 스마트홈등에 다양하게 사용되는 등
    실생활에 적용된 사례가 많아짐

①

◆ **What is Internet of Things**
  • IoT has evolved from the convergence
    of wireless technologies, micro-
    electromechanical systems (MEMS) and the
    Internet.

3쪽

표 슬라이드

Section 05

표 슬라이드는 다양한 항목들을 한눈에 볼 수 있도록 비교하고 여러 데이터를 하나의 표로 요약 정리합니다. 도형의 그라데이션 효과, 표 작성과 표 편집 방법을 학습합니다.

표 구성 요소

- 하나의 표는 셀, 행, 열로 구성됩니다.

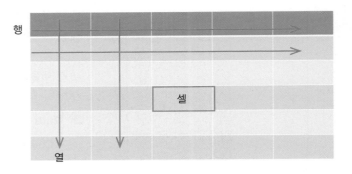

표 삽입하기

- [삽입] 탭의 [표] 그룹에서 [표]를 클릭하고 행/열을 드래그하여 삽입할 수 있으며, 표 삽입 기능을 행/열의 개수를 직접 입력하여 삽입할 수 있습니다.
- 표 그리기와 엑셀에서 표를 삽입할 수 있습니다.
- 개체 틀에서 [표 삽입]을 눌러 행/열의 개수를 직접 입력하여 삽입할 수 있습니다.

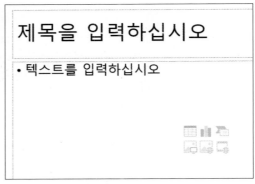

표 디자인 탭

- 표의 스타일과 테두리, 표에 들어가는 텍스트의 WordArt 스타일 등 표의 전반적인 디자인을 설정할 수 있습니다.

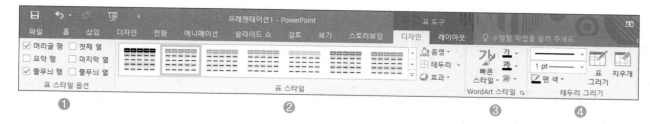

❶ 표 스타일 옵션 : 표의 머리글 행을 설정하거나 해제 또는 첫째 열과 마지막 열, 요약 행, 열과 짝수 행/열을 색상으로 구분

❷ 표 스타일 : 미리 정해져 있는 표 스타일을 빠르게 적용할 수 있으며, 셀의 색상, 테두리, 효과 등을 지정

❸ WordArt 스타일 : 표에 들어가는 텍스트의 WordArt 스타일 설정

❹ 테두리 그리기 : 테두리의 선 모양, 선 굵기, 펜 색 등을 설정

🔷 표 레이아웃 탭

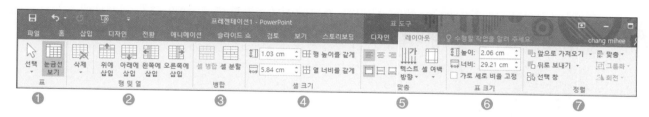

❶ 표 : 마우스 커서가 있는 행, 열, 표 전체 선택 또는 표 안의 눈금선 표시 및 감추기

❷ 행 및 열 : 커서가 위치한 곳에서 행 또는 열의 삽입

❸ 병합 : 선택한 두 셀을 합치거나 선택한 하나의 셀을 두 개 이상으로 나누기

❹ 셀 크기 : 셀의 높이와 너비 조정하거나 행/열의 높이와 너비를 동일하게 지정

❺ 맞춤 : 셀 안의 텍스트를 왼쪽, 오른쪽, 가운데로 정렬 또는 위, 아래, 가운데로 정렬, 셀 여백을 지정

❻ 표 크기 : 표 전체의 높이와 너비 지정

❼ 정렬 : 선택한 개체 정렬과 맞춤, 그룹과 회전 지정

🔷 표 편집

• 표의 셀의 열 너비나 행 높이를 조절할 때는 표의 열과 열사이, 행과 행사이에 마우스를 올려놓고 드래그합니다.

• 표의 전체 크기를 조절할 때는 표 테두리의 조절점을 드래그하여 크기를 조절합니다.

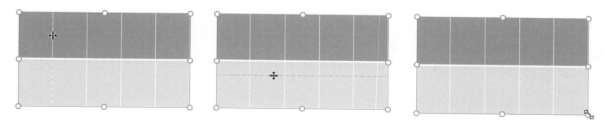

- 셀의 너비와 높이를 같게 조절하려면 표를 선택한 후 [레이아웃] 탭의 [셀 크기] 그룹에서 '행 높이를 같게' 또는 '열 너비를 같게'를 선택하면 표 너비와 높이에 맞게 조정합니다.
- 일부 열 너비와 행 높이를 같게 하려는 행이나 열을 블록 설정한 후 조정합니다.

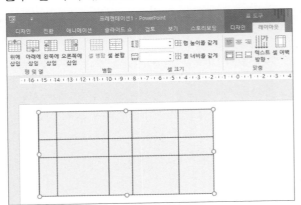 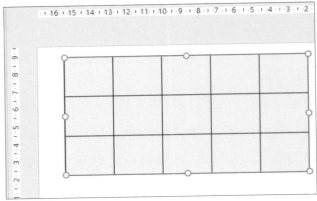

- 셀 합치기는 병합할 셀들을 블록 설정하고 [레이아웃] 탭의 [병합] 그룹에서 [셀 병합]을 클릭합니다.
- 셀 나누기는 나누고자 하는 셀에 클릭한 후 [레이아웃] 탭의 [병합] 그룹에서 [셀 분할]을 클릭한 후 '열/행'의 개수를 입력합니다.

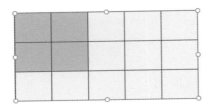 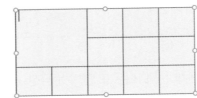 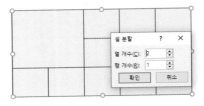

- 표의 테두리는 [디자인] 탭의 [표 스타일] 그룹에서 [테두리]를 클릭하여 테두리의 종류를 선택합니다.
- [디자인] 탭의 [테두리 그리기] 그룹에서 테두리의 색, 굵기, 펜색 등을 지정한 후 [테두리]를 선택하면 원하는 색이나 굵기가 지정이 됩니다.
- 표의 셀이나 전체에 색을 넣을려면 [디자인] 탭의 [표 스타일] 그룹에서 [음영]을 클릭하여 색을 지정됩니다.

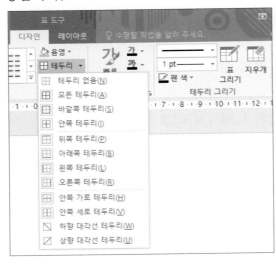 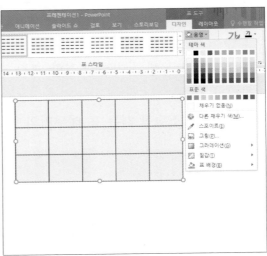

■ ■ 예제 : 출제유형₩5.표슬라이드.pptx

표 슬라이드

표 슬라이드는 배점이 80점이며 두 개의 도형의 조합, 도형의 그라데이션 효과 등을 설정하며, 표를 삽입하고 표 스타일의 작성 능력을 평가한다.

[슬라이드 4] ≪표 슬라이드≫　　　　　　　　　　　　　　　　　　　　　　　　　　　　(80점)

조건　(1) 도형과 표 작성 기능을 이용하여 슬라이드를 작성한다(글꼴 : 돋움, 18pt).

세부 조건

① 상단 도형 :
　2개 도형의 조합으로 작성

② 좌측 도형 :
　그라데이션 효과(선형 아래쪽)

③ 표 스타일 :
　테마 스타일 1 - 강조 1

출력형태

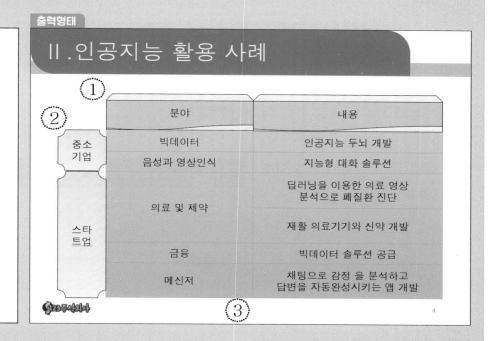

KEY POINT

- 표 작성 : [개체 틀] – [표] 또는 [삽입] – [표] – [표 삽입]
  - 표 스타일 : [표 도구] – [디자인] – [표 스타일]
  - 표 스타일 옵션 : [표 도구] – [디자인] – [표 스타일 옵션] – '체크 없애기'
  - 표 내용 정렬 : [표 도구] – [레이아웃] – [맞춤] – [가운데 맞춤, 중간 맞춤]
  - 글꼴 설정 : [홈] – [글꼴]
- 상단 도형 : 두 개의 도형 조합
  - 도형 삽입 : [홈] – [그리기] – [도형] 또는 [삽입] – [일러스트레이션] – [도형]
  - 도형 변형 : 도형의 모양 조절점 이용– 도형 글꼴 변경
- 좌측 도형 : [그리기 도구] – [서식] – [도형 서식] – [채우기] – [그라데이션 채우기] – [종류 지정]
  - 도형 글꼴 변경
- 도형 복사 : Ctrl + Shift +드래그
- 재 저장하기 – 파일 – 저장하기(Ctrl + S)

01 ❶네 번째 슬라이드를 선택하고 ❷제목 개체 틀에 'ㅈ'을 입력한 후 키보드의 [한자]를 눌러 ❸특수 문자가 표시되면 '보기 변경'을 클릭합니다.

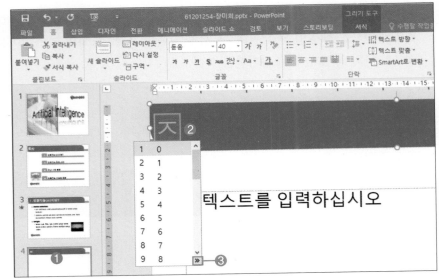

02 ❶'Ⅱ'를 더블클릭하여 삽입합니다.

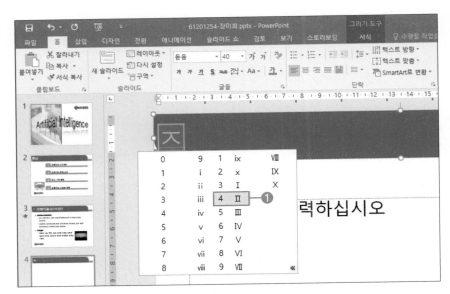

03 제목을 입력한 후 ❶개체 틀 안의 [표 삽입]을 클릭합니다. ❷[표 삽입] 대화상자에서 '열 개수: 2, 행 개수: 6'을 입력한 후 ❸[확인]을 클릭합니다.

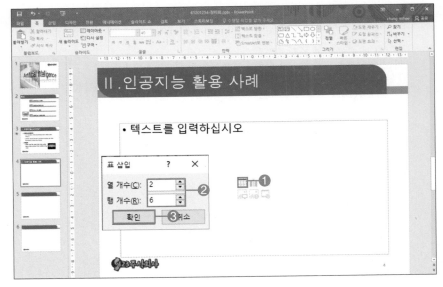

04 ≪출력형태≫와 같이 내용을 입력합니다. ❶셀 병합을 할 셀을 블록 설정한 후 ❷[표 도구]-[레이아웃] 탭에서 ❸[병합] 그룹의 '셀 병합'을 클릭합니다.

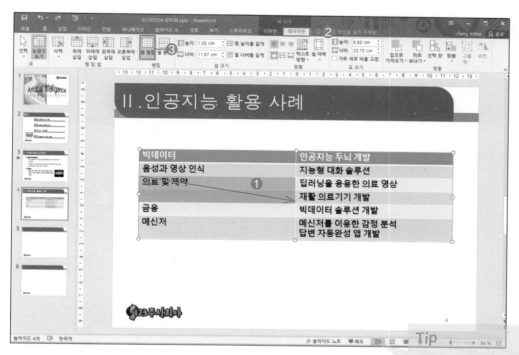

Tip
마우스 오른쪽 단추를 눌러 '셀 병합'을 클릭해도 됩니다.

05 표 안의 텍스트를 정렬하기 위해서 ❶표 테두리를 클릭하여 표 전체를 선택하거나 표 안을 드래그하여 블록 설정한 후 ❷[표 도구]-[레이아웃] 탭에서 ❸[맞춤] 그룹의 '가운데 맞춤'과 '세로 가운데 맞춤'을 클릭하여 표 내부의 텍스트를 정렬합니다.

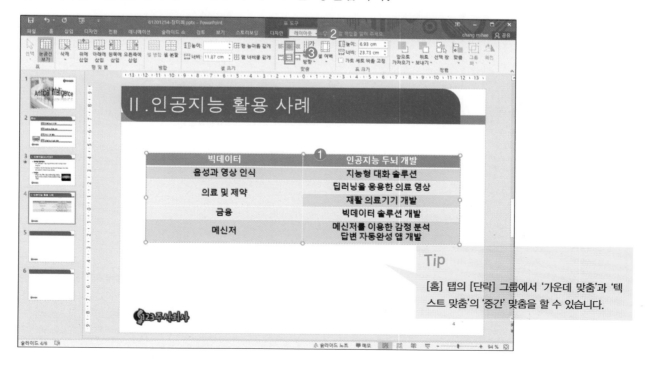

Tip
[홈] 탭의 [단락] 그룹에서 '가운데 맞춤'과 '텍스트 맞춤'의 '중간' 맞춤을 할 수 있습니다.

06 ❶표 전체를 선택하고 ❷[표 도구]-[디자인] 탭의 ❸[표 스타일 옵션] 그룹에서 '머리글 행', '줄무늬 열'의 체크를 해제합니다.

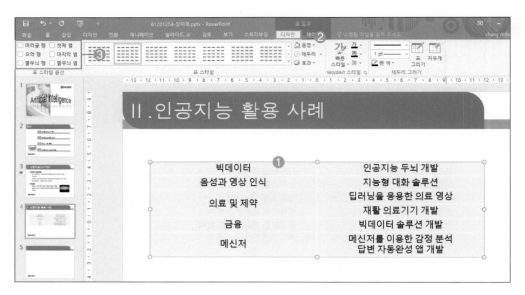

07 표 스타일을 변경하기 위해 ❶[표 도구]-[디자인] 탭의 ❷[표 스타일] 그룹에서 우측 하단의 '자세히' 단추를 눌러 ❸'테마 스타일 1-강조 1'을 선택합니다. 표 스타일 위에 마우스를 올려놓고 표 스타일 이름을 확인 후 적용합니다.

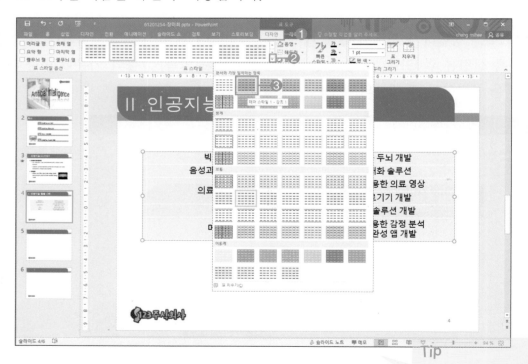

> **Tip**
> 표 스타일에 마우스를 올려 놓으면 표 스타일 이름이 표시됩니다. ≪조건≫에 제시된 표 스타일을 확인하세요.

08 ❶표의 바깥 테두리를 클릭 또는 표 안을 드래그하여 '표 전체'를 선택한 후 ❷[홈] 탭의 ❸[글꼴] 그룹에서 '글꼴 : 돋움, 크기 : 18pt'를 클릭합니다.

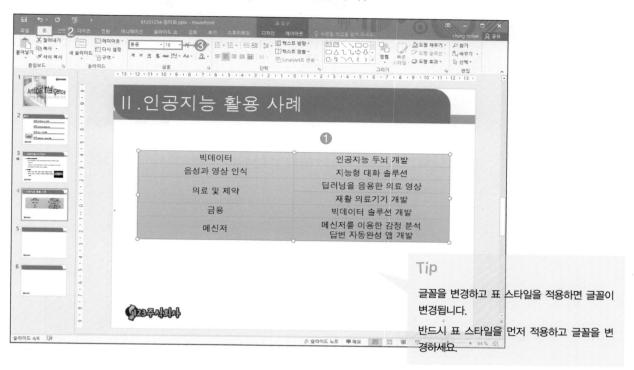

Tip

글꼴을 변경하고 표 스타일을 적용하면 글꼴이 변경됩니다.
반드시 표 스타일을 먼저 적용하고 글꼴을 변경하세요.

09 [보기] 탭의 [표시] 그룹에서 '눈금선'을 선택한 후 ❶표의 대각선의 조절점을 드래그하여 전체 너비를 조절합니다. 눈금자를 보고 상하좌우의 여백을 남겨둡니다. 표의 전체 크기를 조절하지 않으면 상단 도형과 좌측 도형을 그린 후 또 다시 조절해야 합니다. 처음부터 크기를 고정해 두면 도형 삽입이 수월합니다.

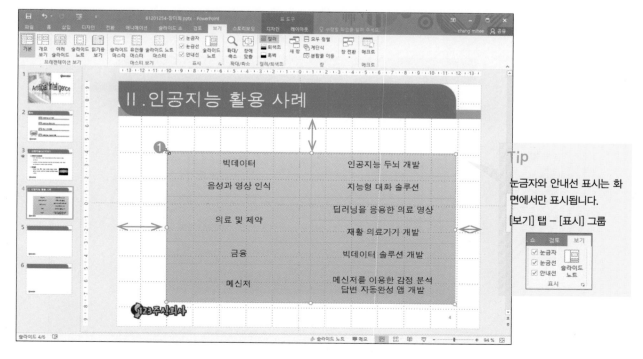

Tip

눈금자와 안내선 표시는 화면에서만 표시됩니다.

[보기] 탭 – [표시] 그룹

10 [보기] 탭의 [표시] 그룹에서 '눈금선'을 해제합니다. 전체 표의 크기를 조절했다면 **❶**열 너비를 조절합니다.

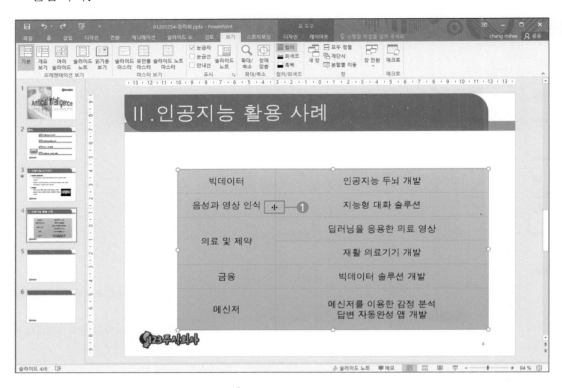

11 행 높이를 같은 높이로 조절하려면 **❶**표 전체를 선택한 후 **❷**[표 도구]-[레이아웃] 탭에서 [셀 크기] 그룹의 **❸**'행 높이를 같게'를 클릭합니다.

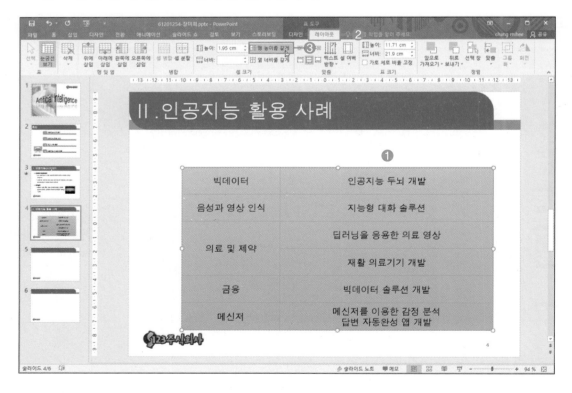

01 상단 도형을 작성할 때는 맨 뒤에 있는 도형부터 삽입합니다. ❶[삽입] 탭의 ❷[일러스트레이션] 그룹에서 [도형]을 클릭하여 ❸'사각형'의 '양쪽 모서리가 잘린 사각형'을 선택합니다.

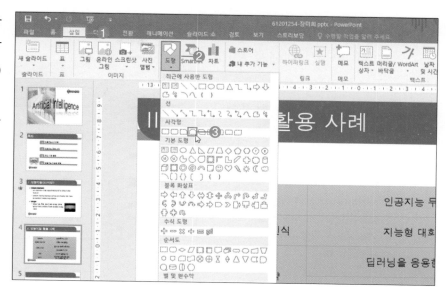

02 ❶표의 첫 번째 열의 너비에 맞게 드래그하여 도형을 삽입합니다.

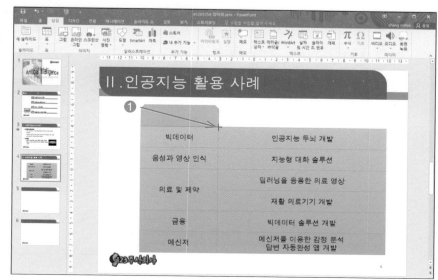

03 맨 위쪽 도형을 삽입하기 위해 ❶[삽입] 탭의 ❷[일러스트레이션] 그룹에서 [도형]을 클릭하여 ❸'순서도'의 '순서도:문서'를 선택합니다.

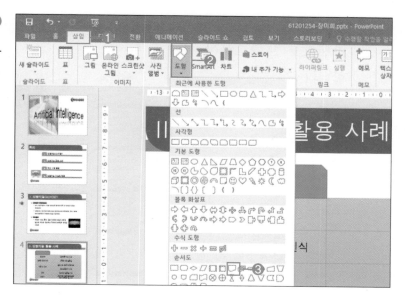

04 ≪출력형태≫에 맞게 맨 뒤에 있는 도형 위에 ❶드래그하여 삽입하고 ❷[그리기 도구]-[서식] 탭에서 ❸[도형 스타일]의 '도형 채우기'에서 임의의 색을 설정합니다.

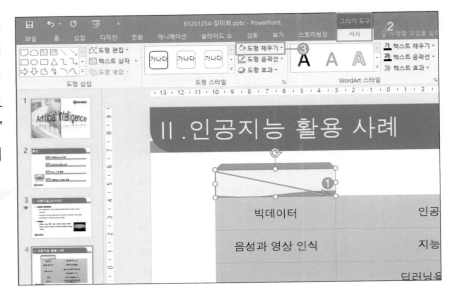

Tip

표 슬라이드에서는 도형의 채우기 색이나 테두리 선, 두께 등은 채점 대상이 아니므로 바꾸지 않아도 되며 글꼴 색 등을 고려하여 임의로 바꾸면 됩니다.

05 ❶맨 위의 도형을 선택하고 ❷[홈] 탭의 [글꼴] 그룹에서 ❸'글꼴 : 돋움'과 '글자 크기 : 18pt', ❹'글자 색 : 검정'을 설정합니다.

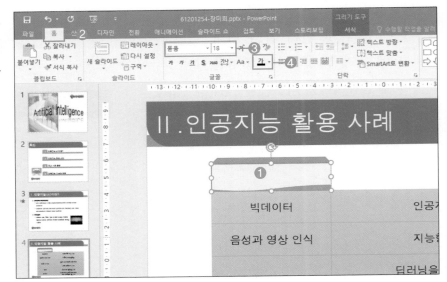

06 두 도형을 포함할 만큼 대각선으로 드래그하여 선택합니다.

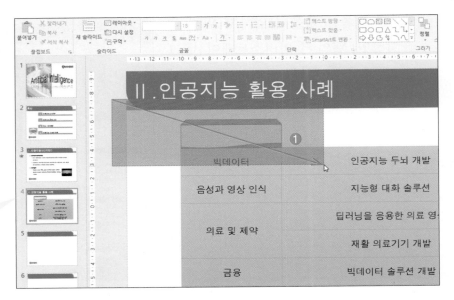

Tip

 또는 Shift 를 누르고 도형을 선택할 수 있습니다.

90 ·

07 ❶도형을 `Ctrl` + `Shift` 를 누르고 오른쪽으로 드래그를 하여 수평복사합니다. 두 번째 열 너비에 맞게 크기를 조절합니다.

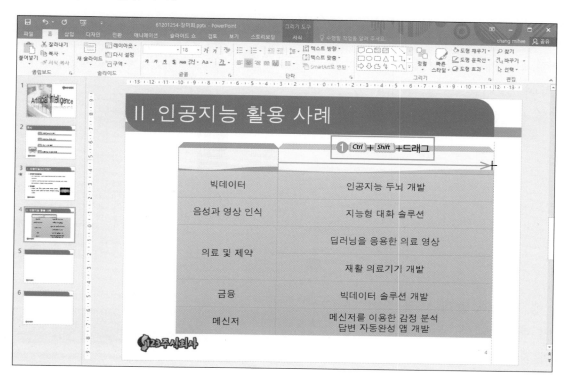

08 도형에 '분야'와 '내용'을 입력하여 상단 도형을 완성합니다.

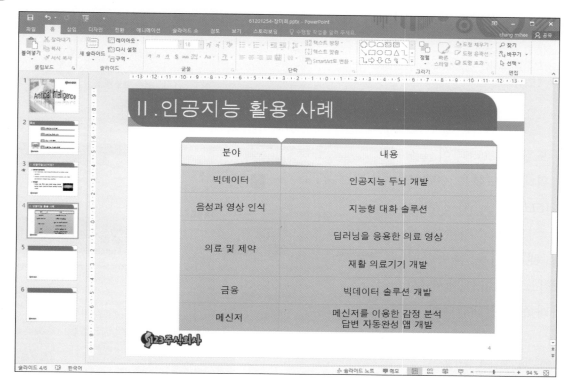

01 좌측 도형을 삽입하기 위해 ❶[삽입] 탭의 ❷[일러스트 레이션] 그룹에서 [도형]을 클릭하여 ❸'기본 도형'의 '배지'를 선택합니다.

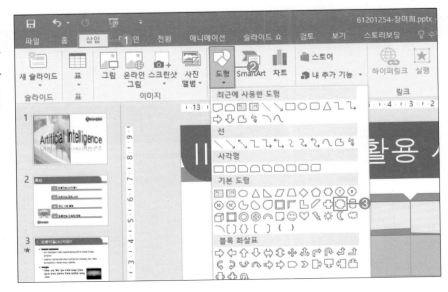

02 표의 행 내용에 맞게 드래 그하여 배치합니다. 높이나 너비가 잘 맞지 않으면 Alt 를 누르고 드래그하면 세밀 하게 그려집니다.

Tip

Ctrl 과 방향키를 사용하면 세밀 하게 이동할 수 있으며, Alt 를 누르고 도형을 그리면 세밀하게 그릴 수 있습니다.

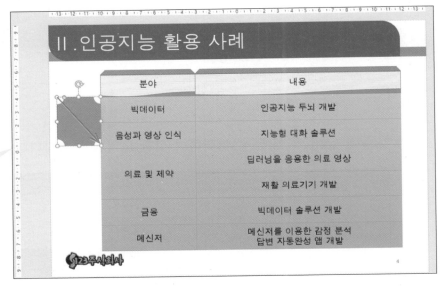

03 좌측 도형의 그라데이션을 넣기 위해 ❶도형을 선택한 후 ❷[그리기 도구]-[서식] 탭의 ❸[도형 스타일]에서 [도형 채우기]를 클릭합니 다. ❹[그라데이션]에서 '선 형 아래쪽'을 선택합니다.

Tip

그라데이션에 마우스를 올려 놓으 면 설명이 표시됩니다. 확인하고 선택합니다.

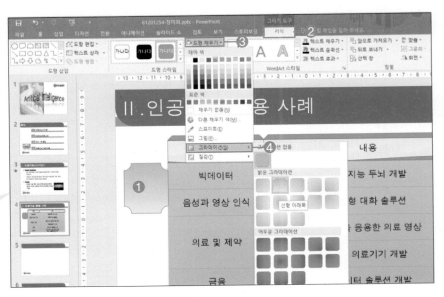

04 도형에 글꼴을 설정하기 위해 ❶도형을 선택하고 ❷[홈] 탭의 [글꼴] 그룹에서 ❸'글꼴 : 돋움'과 '글자 크기 : 18pt', ❹'글자 색 : 검정'을 설정합니다.

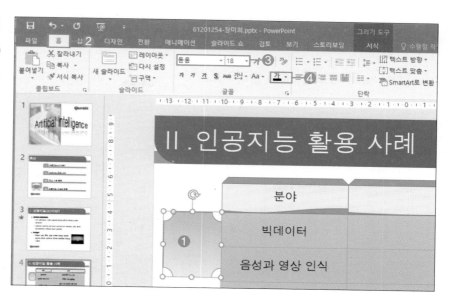

05 도형을 Ctrl + Shift 를 누르고 아래쪽으로 드래그를 하여 수직복사합니다. 두 번째 행 높이에 맞게 크기를 조절합니다.

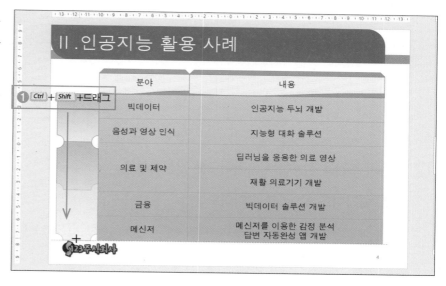

06 《출력형태》에 맞게 도형에 텍스트를 입력하여 완성합니다.

Tip

그라데이션은 제시된 그라데이션 형식만 맞으면 됩니다. 색 등은 기본값 그대로 사용해도 됩니다.

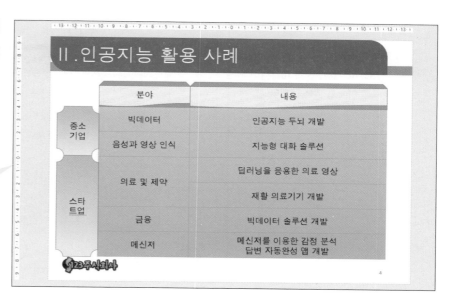

01 다음의 조건을 적용하여 슬라이드를 완성하시오.

■ ■ 예제 : 실력팡팡2₩5.표슬라이드₩표1.pptx

[차트 슬라이드 4] ≪표 슬라이드≫ (80점)

조건 (1) 도형과 표 작성 기능을 이용하여 슬라이드를 작성한다(글꼴 : 돋움, 18pt).

세부조건

① 상단 도형 :
2개 도형의 조합으로 작성

② 좌측 도형 :
그라데이션 효과(선형 아래쪽)

③ 표 스타일 :
테마 스타일 1 - 강조 3

출력형태

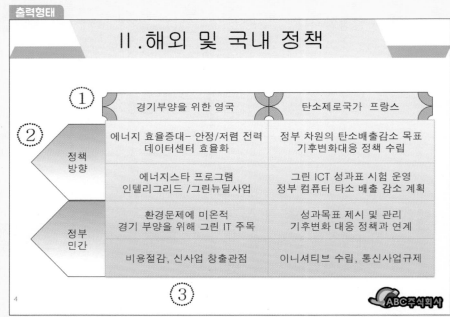

02 다음의 조건을 적용하여 슬라이드를 완성하시오.

■ ■ 예제 : 실력팡팡₩5.표슬라이드₩표2.pptx

[차트 슬라이드 4] ≪표 슬라이드≫ (80점)

조건 (1) 도형과 표 작성 기능을 이용하여 슬라이드를 작성한다(글꼴 : 돋움, 18pt).

세부조건

① 상단 도형 :
2개 도형의 조합으로 작성

② 좌측 도형 :
그라데이션 효과(선형 대각선 -
오른쪽 위에서 왼쪽 아래로)

③ 표 스타일 :
테마 스타일 1 - 강조 4

출력형태

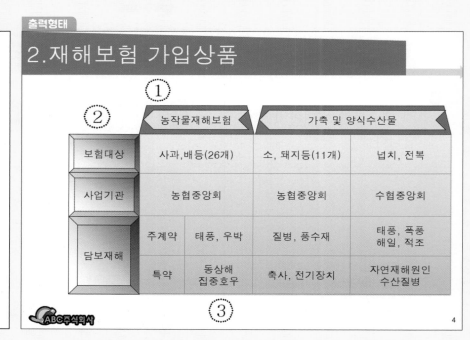

03 다음의 조건을 적용하여 슬라이드를 완성하시오.

■ ■ 예제 : 실력팡팡₩5.표슬라이드₩표3.pptx

[차트 슬라이드 4] ≪표 슬라이드≫

(80점)

조건 (1) 도형과 표 작성 기능을 이용하여 슬라이드를 작성한다(글꼴 : 굴림, 18pt).

세부조건

① 상단 도형 :
2개 도형의 조합으로 작성

② 좌측 도형 :
그라데이션 효과(선형 아래쪽)

③ 표 스타일 :
테마 스타일 1 – 강조 4

출력형태

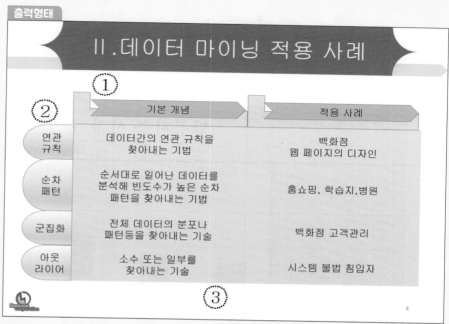

04 다음의 조건을 적용하여 슬라이드를 완성하시오.

■ ■ 예제 : 실력팡팡₩5.표슬라이드₩표4.pptx

[차트 슬라이드 4] ≪표 슬라이드≫

(80점)

조건 (1) 도형과 표 작성 기능을 이용하여 슬라이드를 작성한다(글꼴 : 굴림, 18pt).

세부조건

① 상단 도형 :
2개 도형의 조합으로 작성

② 좌측 도형 :
그라데이션 효과(선형 대각선 –
오른쪽 아래에서 왼쪽 위로)

③ 표 스타일 :
보통 스타일 4 – 강조 5

출력형태

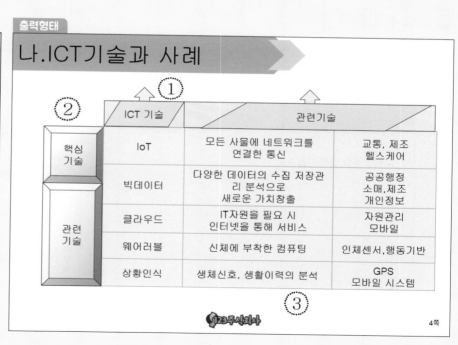

차트 슬라이드

차트 슬라이드를 작성하는 부분으로 객관적인 수치 데이터를 분석해 쉽게 이해할 수 있도록 그래프로 표현합니다.
차트를 삽입하고 차트를 편집하는 방법을 학습합니다.

차트 구성 요소

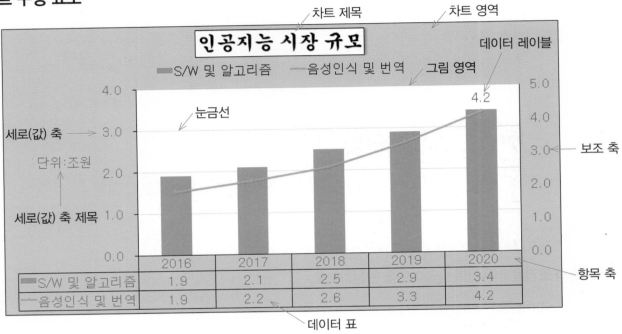

차트 삽입하기

- [삽입] 탭의 [일러스트레이션] 그룹에서 [차트]를 클릭하거나, 개체 틀의 [차트]를 클릭합니다.
- [차트 삽입] 대화상자에서 차트 종류를 선택합니다.

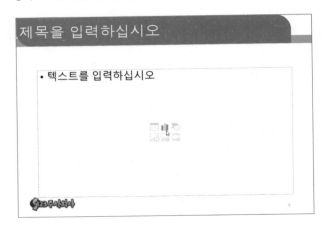
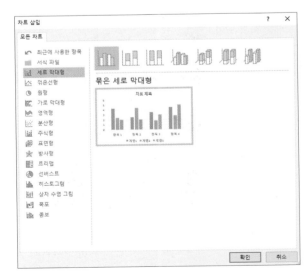

- 데이터를 입력할 수 있는 'Microsoft PowerPoint의 차트' 창에서 데이터를 입력합니다.
- 엑셀의 표시 형식을 지정해야 하는 경우에는 상단 메뉴에서 'Microsoft Excel에서 데이터 편집' 창에서 데이터를 입력합니다.
- 데이터 영역의 오른쪽 하단의 대각선 모서리를 드래그하여 데이터 범위의 크기를 조절합니다.
- 데이터를 삽입하거나 삭제할 때 행이나 열을 삽입하거나 삭제할 수 있습니다.
- 데이터 입력이 끝나면 오른쪽 상단의 '닫기'를 눌러 종료합니다.

 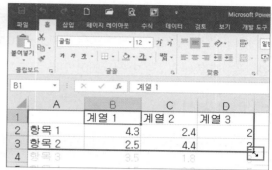

차트 편집

- 차트를 선택하며 우측에 빠른 메뉴가 표시됩니다.
- 차트 요소는 제목, 범례, 눈금선, 축 제목 등 요소들을 추가하거나 제거 또는 변경합니다.

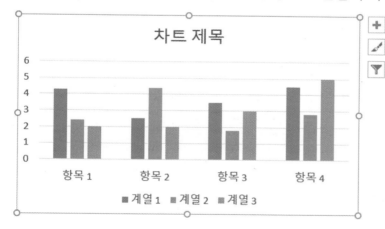 

차트 편집

- 차트 스타일은 차트에 대한 스타일 및 색 구성표를 설정합니다.
- 차트에 표시할 데이터 요소 및 이름을 편집합니다.

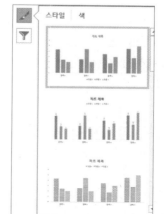 

🔹 차트 디자인 탭

❶ 차트 레이아웃 : 차트 요소 추가와 미리 지정되어 있는 차트의 레이아웃을 변경 또는 추가

❷ 차트 스타일 : 미리 지정되어 있는 차트의 색과 차트 스타일 지정

❸ 데이터 : 현재 차트의 행과 열을 바꾸고, 데이터의 범위를 변경하거나 편집하고 업데이트된 데이터를 적용

❹ 차트 종류 변경 : 현재 적용되어 있는 차트의 종류를 변경하거나 차트의 서식을 파일(*.crtx)로 저장

🔹 차트 서식 탭

❶ 현재 선택 영역 : 차트의 요소를 선택, 선택한 요소의 서식 지정, 가장 최근에 설정한 차트 스타일 서식으로 되돌림

❷ 도형 삽입 : 차트에 도형을 삽입하고 도형 모양 변경

❸ 도형 스타일 : 선택한 개체나 요소의 스타일 지정

❹ WordArt 스타일 : 차트에 입력되어 있는 텍스트 서식 지정

❺ 정렬 : 차트의 순서 조정, 다른 개체와 정렬 지정

❻ 크기 : 차트의 전체 크기 지정

🔹 차트 축 서식 수정

- 값 축 영역에서 마우스 오른쪽 단추의 [축 서식]을 선택
- [축 옵션]에서는 축 값의 '최소, 최대, 주 단위' 값과 표시 단위 값을 변경
- [눈금]에서 바깥쪽, 안쪽 눈금선 설정
- [표시 형식]에서는 값의 숫자, 통화, 회계, 사용자 지정 등을 이용해서 값에 다양한 형식을 변경

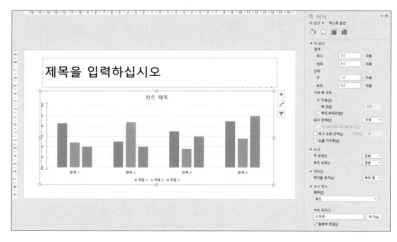

차트 슬라이드

차트 슬라이드는 배점이 100점이며, 차트를 삽입하고 차트 및 그림 영역, 레이블, 축 제목 등 차트 편집기능과 차트에 도형을 삽입하는 등의 차트 작성 능력을 평가합니다.

[슬라이드 5] ≪차트 슬라이드≫ (100점)

조건　(1) 차트 작성 기능을 이용하여 슬라이드를 작성한다.
　　　　(2) 차트 : 종류(묶은 세로 막대형), 글꼴(돋움, 16pt), 외곽선

세부 조건

❖ **차트설명**

• 차트제목 : 궁서, 24pt, 굵게,
  채우기(흰색), 테두리,
  그림자(오프셋 오른쪽)
• 차트영역 : 채우기(노랑)
  그림영역 : 채우기(흰색)
• 데이터 서식 : '음성인식 및 번역'
  계열을 표식이 있는 꺾은선형으로
  변경 후 보조 축으로 지정
• 값 표시 : 2019년의 S/W 및 알고리
  즘 계열만

① 도형 삽입
  – 스타일 : 미세효과 – 파랑, 강조1
  – 글꼴 : 굴림, 18pt

출력형태

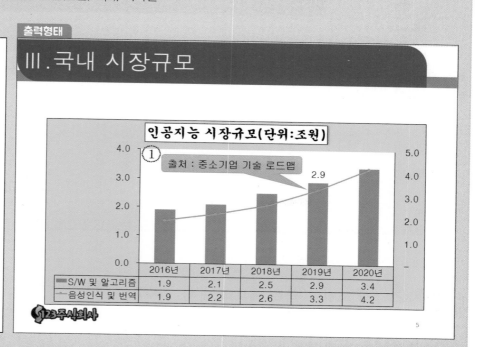

KEY POINT

• 차트 삽입
  – [삽입] : [일러스트레이션] – [차트] 또는 개체 틀 – 차트 삽입
  – [데이터 입력] – [행/열 전환]
  – [빠른 레이아웃 설정]
• 차트 편집
  – [차트 영역] / [차트 서식 편집]
  – [차트 제목 편집] / [그림 영역] 설정
  – [데이터 계열 서식 편집] / [축 서식] / 눈금선 편집
• 도형 삽입 : 도형 삽입 : 도형 스타일 , 텍스트 편집
• 재 저장하기(Ctrl + S)

01 ❶다섯 번째 슬라이드를 선택하고 ❷제목 개체 틀에 'ㅈ'을 입력한 후 키보드의 [한자]를 눌러 'Ⅲ'을 삽입한 후 제목을 입력합니다. ❸개체 틀의 [차트 삽입]을 클릭합니다.

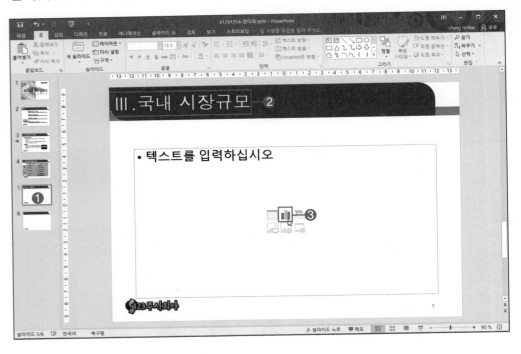

02 차트 작성 조건의 '묶은 세로 막대'와 데이터 서식 조건의 '표식이 있는 꺾은선형'을 한꺼번에 설정합니다. [차트 삽입] 대화상자에서 ❶모든 차트 영역의 '콤보'를 선택한 후 ❷'계열1'은 '묶은 세로 막대형'을 선택합니다.

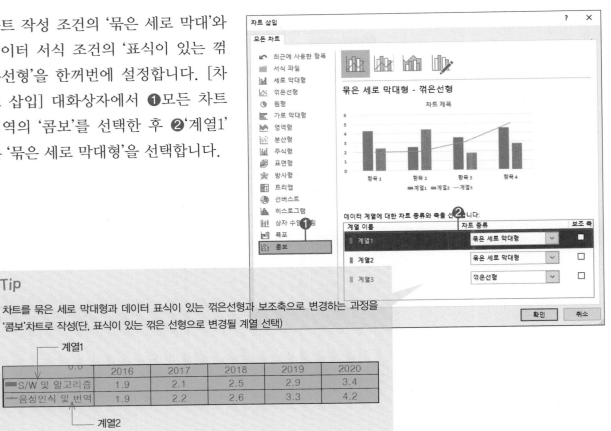

Tip

차트를 묶은 세로 막대형과 데이터 표식이 있는 꺾은선형과 보조축으로 변경하는 과정을 '콤보'차트로 작성(단, 표식이 있는 꺾은 선형으로 변경될 계열 선택)

┌── 계열1

	2016	2017	2018	2019	2020
S/W 및 알고리즘	1.9	2.1	2.5	2.9	3.4
음성인식 및 번역	1.9	2.2	2.6	3.3	4.2

└── 계열2

03 ❶'계열2'의 목록 단추를 누른 후 ❷꺾은선형에서 '표식이 있는 꺾은선형'을 선택합니다.

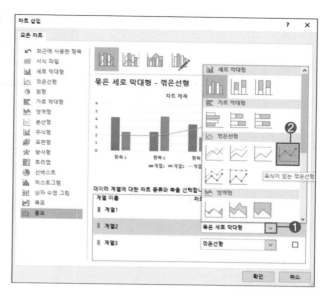

04 '계열2'는 '보조축'으로 변경하기 위해 ❶'보조축'에 체크한 후 ❷[확인]를 클릭합니다.

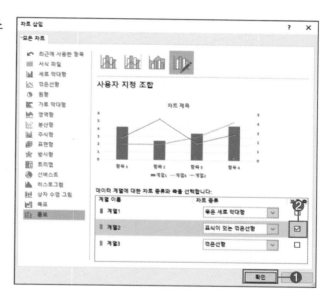

05 'Microsoft PowerPoint의 차트' 창이 열립니다. 연속데이터, 천단위, 백분율 등의 데이터를 입력할 때는 Excel에서 편집합니다. ❶'Microsoft Excel에서 데이터 편집'을 클릭합니다.

	A	B	C	D	E	F	G	H
1		계열						
2	항목 1	4.3	2.4	2				
3	항목 2	2.5	4.4	2				
4	항목 3	3.5	1.8	3				
5	항목 4	4.5	2.8	5				
6								
7								

06 ❶항목1에 '2016년'을 입력하고 셀 오른쪽 하단에 마우스를 올려놓고 '+'모양일 때 아래쪽으로 드래그하여 자동 채우기를 합니다. 연속된 숫자가 표시됩니다. 확인하면서 드래그합니다.

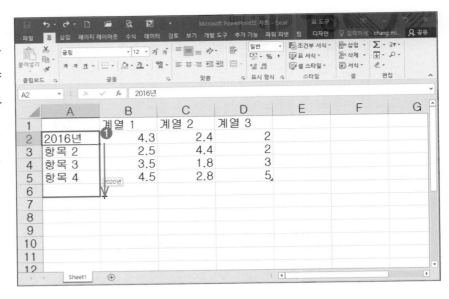

07 《출력형태》에 있는 ❶데이터를 행과 열을 바꾸어 그대로 입력합니다. 엑셀 시트에서 ❷데이터의 범위를 조절하기 위해 오른쪽 하단 대각선에 마우스를 올려놓습니다.

> **Tip**
>
> 천단위 콤마를 표시해야 하는 경우 '쉼표스타일(,)'과 소수 자리수 늘림/줄임 등 [홈] 탭의 [표시 형식] 그룹에서 설정합니다.

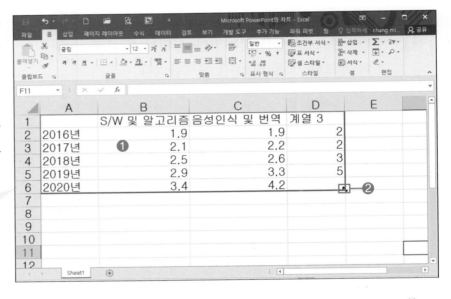

08 데이터 입력이 완료되면 데이터의 범위를 조절합니다. ❶오른쪽 하단의 조절점 위에 마우스를 올려놓고 '↖' 모양으로 변경되면 왼쪽으로 드래그하여 범위를 조절합니다. ❷엑셀을 닫기 위해 오른쪽 상단의 '닫기'를 클릭합니다.

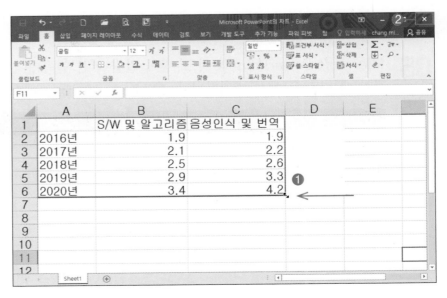

09 기본 차트를 완성합니다.

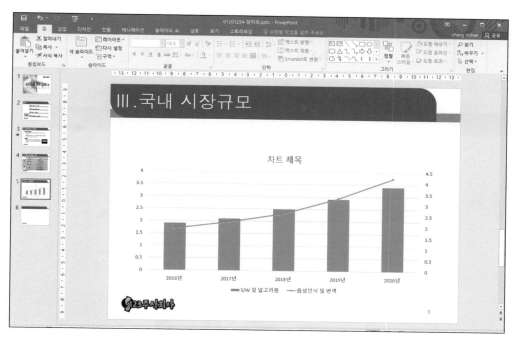

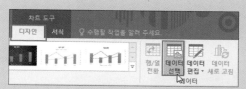

행/열 전환을 해야 하는 경우

엑셀 창에 입력 데이터를 ≪출력형태≫와 같은 형태로 입력한 경우 차트가 행열이 바뀌어 표시됩니다. [차트 도구]-[디자인] 탭의 [데이터] 그룹에서 '데이터 선택'의 '행/열 전환'을 합니다. 엑셀 창이 열린 상태에서는 '행/열 전환'을 바로 클릭해도 됩니다.

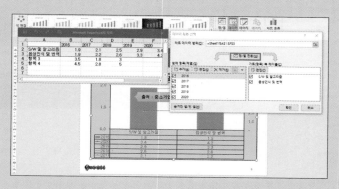

데이터 수정을 하려면?

[차트 도구]-[디자인] 탭의 [데이터] 그룹에서 '데이터 편집'의 'Excel에서 데이터 편집'을 클릭합니다.

01 차트의 제목과 데이터 표를 한꺼번에 적용하기 위해 ❶차트를 선택하고 ❷[차트 도구]-[디자인] 탭의 [차트 레이아웃] 그룹에서 ❸[빠른 레이아웃]을 클릭한 후 ❹'레이아웃5'를 선택합니다. 차트의 제목과 데이터 테이블이 표시됩니다.

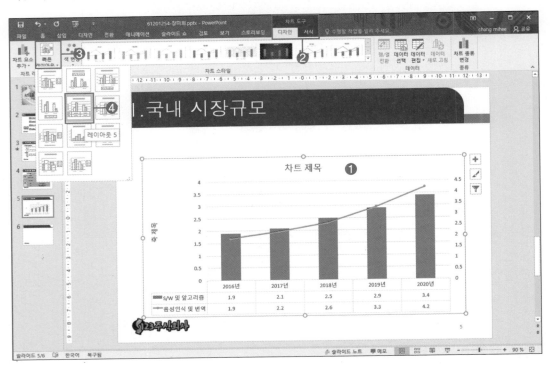

02 차트의 '세로 축 제목'은 사용하지 않으므로 '세로 축 제목'은 Delete 를 눌러 삭제합니다.

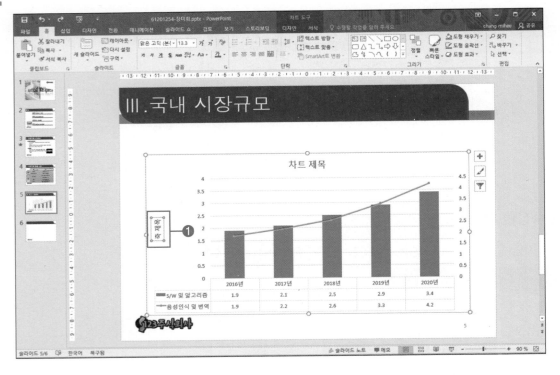

03 제시된 ≪조건≫의 차트 영역에 해당하는 부분을 편집합니다. ❶차트 테두리를 클릭하여 차트 전체를 선택하고 ❷[홈] 탭의 ❸[글꼴] 그룹에서 '글꼴 : 돋움, 크기 : 16 pt', ❹글자 색은 '검정'을 설정합니다.

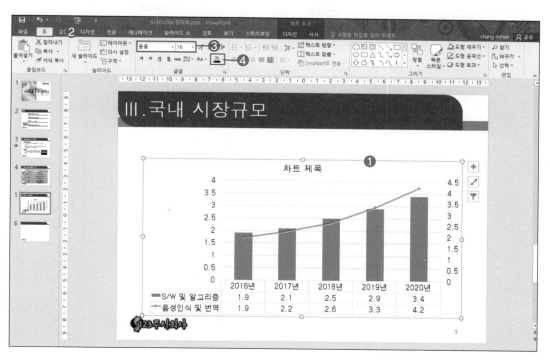

04 차트의 영역의 색을 설정하기 위해 ❶차트 전체를 선택하고 ❷[홈] 탭의 [그리기] 그룹에서 ❸ [도형 채우기]을 클릭하여 ❹'노랑'을 선택합니다.

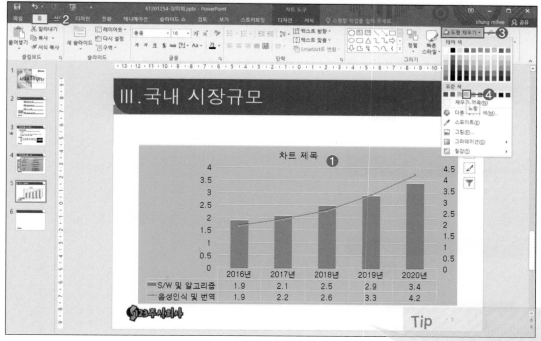

> **Tip**
> [차트 도구]-[서식] 탭의 [도형 스타일] 그룹에서 [도형 채우기]-[노랑]을 선택해도 됩니다.

05 차트의 외곽선을 설정하기 위해 ❶차트 전체를 선택하고 ❷[홈] 탭의 [그리기] 그룹에서 ❸[도형 윤곽선]을 클릭하여 ❹'검정'을 선택합니다.

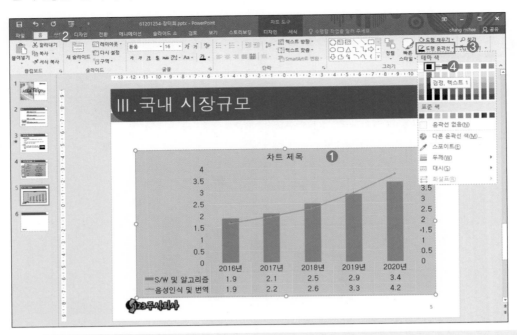

Tip

[차트 도구] – [서식] 탭의 – [도형 스타일] 그룹에서 [도형 윤곽선] – [검정]을 선택해도 됩니다.

글꼴, 채우기 색, 윤곽선 등은 마우스 오른쪽 단추를 눌러 바로가기 메뉴에서 설정할 수 있습니다.

Level UP!

○ 차트 차트 제목과 데이터 표를 삽입하는 또 다른 방법

차트 제목을 삽입하려면 [차트 도구] – [디자인] – [차트 요소 추가] – [차트 제목]에서 삽입할 수 있습니다.

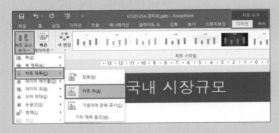

차트 데이터 표를 삽입하려면 [차트 도구] – [디자인] – [차트 요소 추가] – [데이터 표]에서 삽입할 수 있습니다.

01 차트 제목을 클릭한 후 마우스 모양이 'I'일 때 드래그한 후 ❶'인공지능 시장규모(단위:조원)'을 입력한 후 제목 개체 틀 전체를 선택합니다. ❷[홈] 탭의 [글꼴] 그룹에서 ❸'글꼴 : 궁서, 글자 크기 : 24pt', ❹'굵게'를 선택합니다.

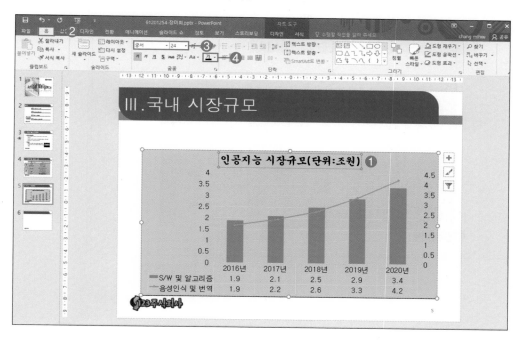

02 차트 제목의 채우기와 테두리를 설정합니다. ❶차트 제목 개체 틀을 선택한 후 ❷[홈] 탭의 [그리기] 그룹에서 ❸[도형 채우기]를 '흰색'과 [도형 윤곽선]을 ❹'검정'으로 선택합니다.

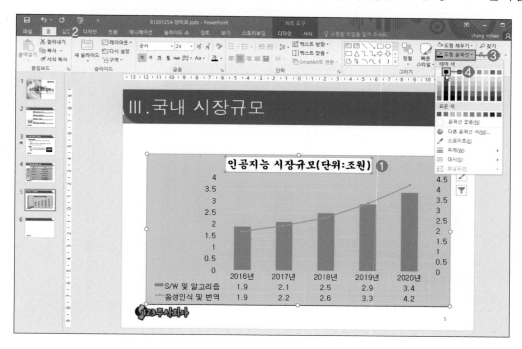

03 차트 제목에 그림자 효과를 적용하기 위해 ❶차트 제목이 선택된 상태에서 ❷[홈] 탭의 [그리기] 그룹에서 ❸[도형 효과]를 클릭하여 ❹[그림자]를 클릭한 후 ❺'오프셋 오른쪽'을 선택합니다.

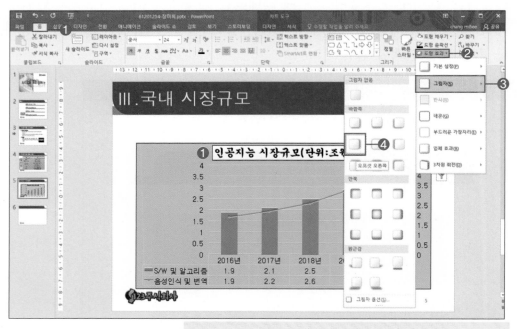

Tip
마우스를 '그림자 효과' 위에 올려 놓은 후 '설명'을 확인한 후 선택합니다.

04 차트 제목을 완성합니다.

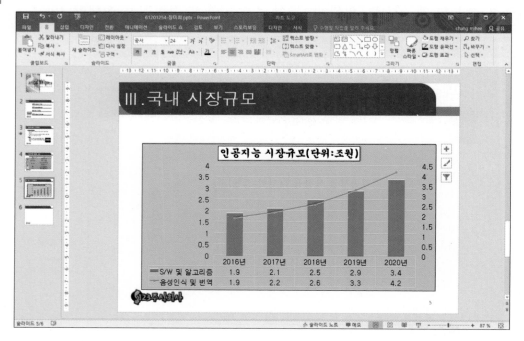

01 그림 영역의 '채우기 색'과 '세로 (값) 축 주 눈금선'을 편집합니다. 차트의 안쪽을 클릭하여 ❶그림 영역을 선택하고 ❷[홈] 탭의 [그리기] 그룹에서 ❸[도형 채우기]의 ❹'흰색'을 선택합니다.

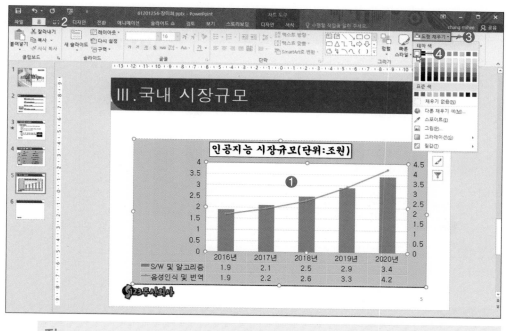

Tip

[차트 도구]의 [서식] 탭에서 [도형 스타일] 그룹의 [도형 채우기]와 [도형 윤곽선]에서 선택할 수 있습니다.

02 그림 영역의 '세로 (값) 축 주 눈금선'을 삭제하기 위해 차트의 안쪽 ❶눈금선 위에 마우스를 올려놓고 마우스 모양이 ↖일 때 클릭합니다. 눈금선이 선택이 되면 Delete를 눌러 삭제합니다.

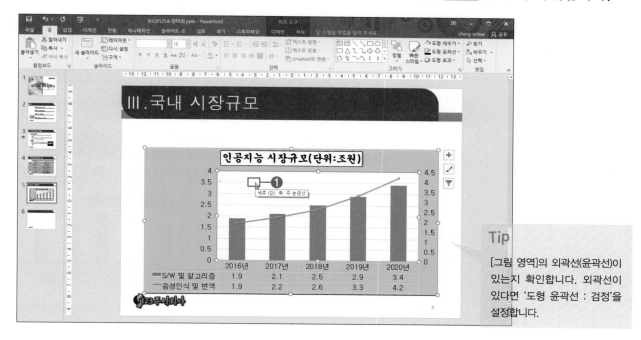

Tip

[그림 영역]의 외곽선(윤곽선)이 있는지 확인합니다. 외곽선이 있다면 '도형 윤곽선 : 검정'을 설정합니다.

03 그림 영역을 완성합니다.

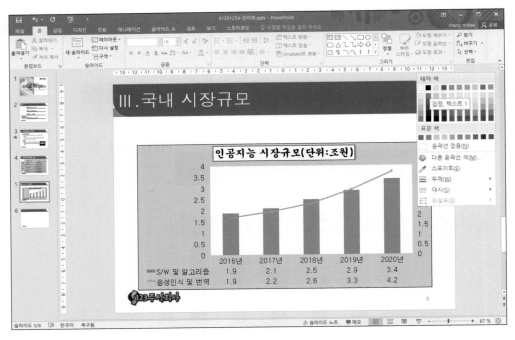

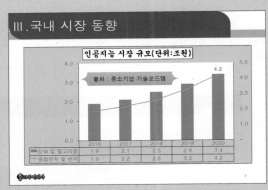

Level UP!

○ 그림 영역에 윤곽선이 있는 경우와 윤곽선이 없는 경우 처리 방법

❶ 그림 영역에 윤곽선이 없는 경우는 그림 영역의 상단이 테두리가 없습니다. [도형 채우기]만 하면 됩니다.

❷ 그림 영역에 윤곽선이 있는 경우는 그림 영역의 상단이 테두리가 있습니다. 이런 경우에는 [도형 윤곽선] – [검정]을 적용해야 합니다.

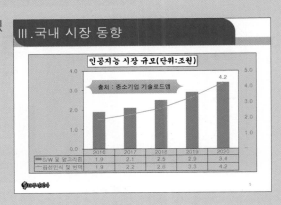

01 데이터 서식의 《세부 조건》에서 꺾은선과 보조 축으로 변경하는 부분은 차트를 만들 때 '콤보' 차트로 '묶은 세로막대'와 '표식이 있는 꺾은선'으로 작성했기 때문에 이 과정에서는 '데이터 레이블'만 표시하면 됩니다. ❶'S/W 및 알고리즘'의 묶은 세로막대 그래프를 클릭하면 전체가 선택됩니다.

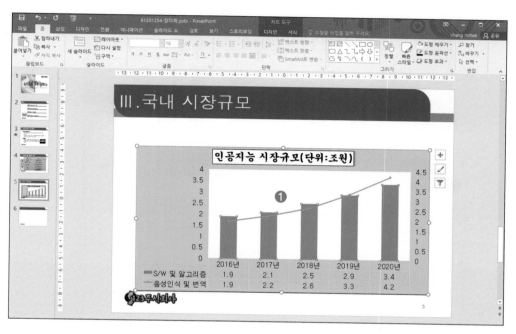

02 ❶'2019년'의 'S/W 및 알고리즘'의 막대 그래프를 한 번 더 클릭합니다. ❷[차트 도구]-[디자인] 탭의 ❸[차트 레이아웃] 그룹에서 [차트 요소 추가]를 클릭합니다. ❹[데이터 레이블]의 ❺'바깥쪽 끝에'를 선택합니다.

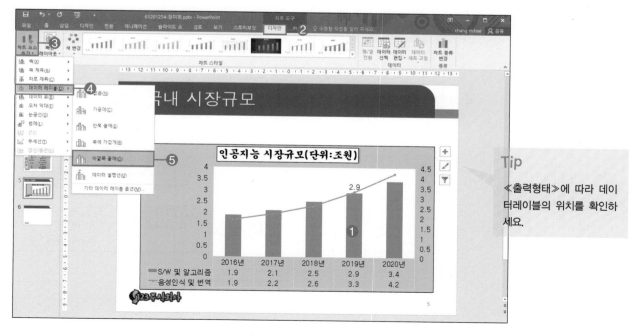

Tip

《출력형태》에 따라 데이터레이블의 위치를 확인하세요.

03 데이터 값 표시를 완성합니다.

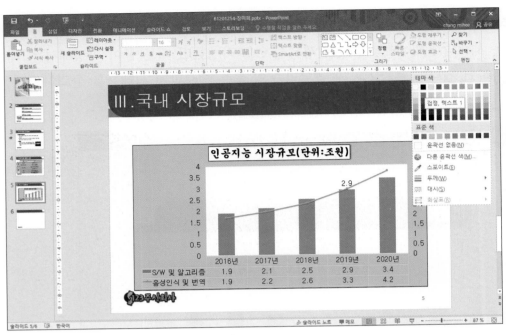

묶은 세로 막대형으로 차트를 삽입한 후 차트 변경

❶ 처음 차트를 작성할 때 '묶은 세로 막대형'으로만 작성했다면 차트를 변경할 경우 [차트 도구]-[디자인] 탭의 [종류] 그룹에서 [차트 종류 변경]을 클릭합니다.

❷ [차트 종류 변경] 대화상자가 표시되면 차트 종류를 '콤보'로 선택하고 꺾은선으로 변경할 계열을 차트 종류를 변경하고 '보조 축'에 체크한 후 [확인]을 클릭합니다.

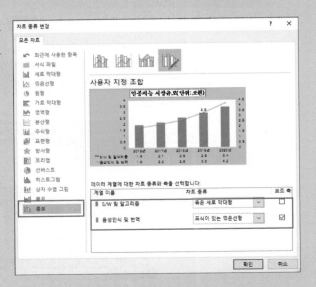

01 차트의 축 서식을 설정합니다. ❶왼쪽 '세로 (값) 축'을 더블클릭하여 오른쪽에 [축 서식] 대화상
자를 표시합니다.

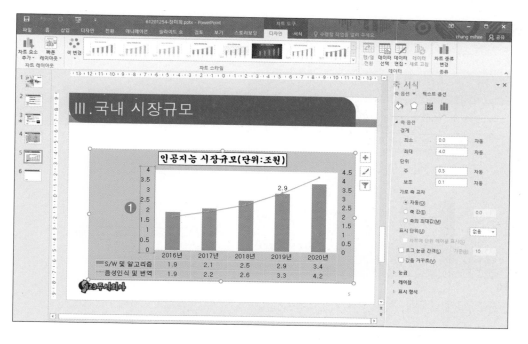

02 ❶세로 (값) 축이 선택된 상태에서 [축 서식] 대화상자의 ❷[축 옵션]을 클릭하고 ❸[축 옵션]에
서 ❹'최소 : 0'과 '최대 : 4'를 입력하고, ❺'주 단위'의 값을 '1'을 입력합니다. ❻'눈금'의 '주 눈
금을 '바깥쪽'을 선택합니다. 숫자 서식의 표시 형식을 변경하기 위해 ❼[표시 형식]의 [범주]에
서 '숫자'를 선택하고 소수 자릿 수 : 1'을 입력합니다.

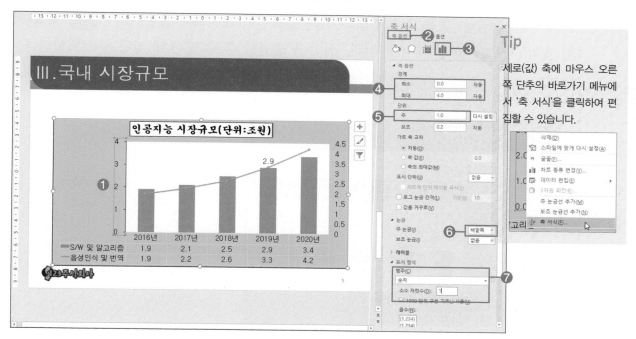

Tip

세로(값) 축에 마우스 오른
쪽 단추의 바로가기 메뉴에
서 '축 서식'을 클릭하여 편
집할 수 있습니다.

03 ❶오른쪽 보조 축을 선택하고 ❷[축 서식] 대화상자의 ❸[축 옵션]에서 ❹'최소 : 0'과 '최대 : 5'를 입력하고, ❺'주 단위'의 값을 '1'을 입력합니다. ❻'눈금'의 '주 눈금'을 '없음'을 선택합니다. ❼숫자 서식의 표시 형식을 변경하기 위해 [표시 형식]의 [범주]에서 '회계'를 선택하고 소수 자릿 수 : 1'을 입력한 후 '기호'는 '없음'으로 선택합니다.

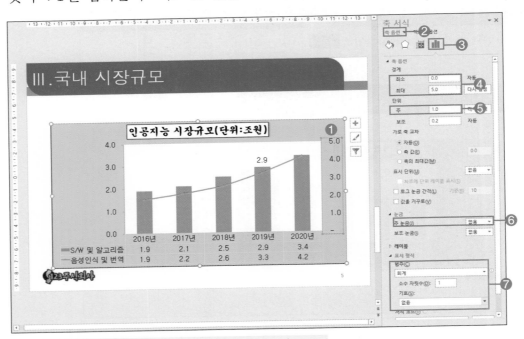

Tip
· 최소 값이 '0'인 경우 : 표시 형식을 '일반' 또는 '숫자'로 설정
· 최소 값이 '–'인 경우 : 표시 형식을 '회계'로 설정

04 '보조 축'은 눈금을 '없음'으로 선택되어 축 윤곽선이 표시되지 않습니다. ❶[축 서식]의 [축 옵션] 탭의 [채우기 및 선]에서 ❷'선'은 '실선'을 클릭한 후 ❸'색'에서 '검정'을 선택합니다.

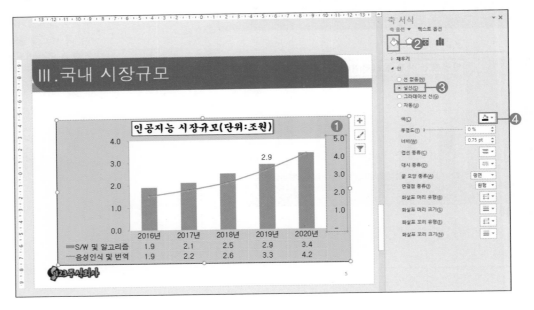

05 ❶왼쪽 세로 (값) 축 값을 선택한 후 ❷[축 서식]의 [축 옵션] 탭의 [채우기 및 선]에서 ❸'선'을 '실선'을 클릭한 후 ❹'색'에서 '검정'을 선택합니다.

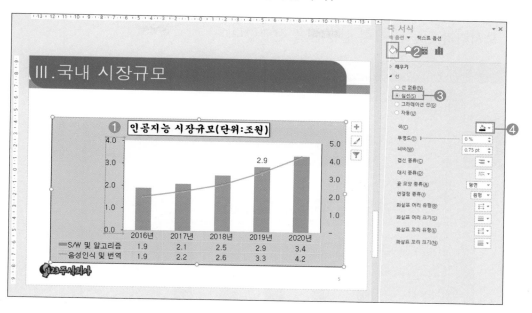

06 ❶데이터 표를 선택한 후 ❷[데이터 표 서식]의 [표 옵션] 탭의 [채우기 및 선]에서 ❸'테두리'를 '실선'을 클릭한 후 ❹'색'에서 '검정'을 선택합니다. ❺[닫기]를 클릭하여 옵션 창을 닫습니다.

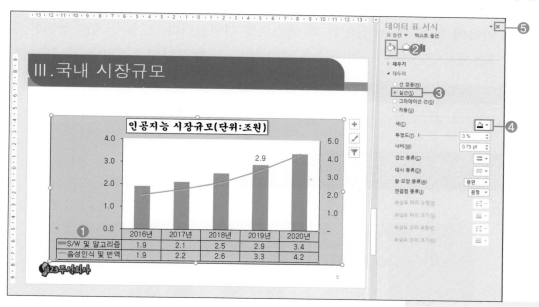

Tip

옵션 창이 열린 상태에서 개체를 클릭하면 개체를 편집할 수 있는 옵션 창이 표시됩니다.

01 차트에 도형을 삽입합니다. ❶[삽입] 탭의 [일러스트레이션] 그룹에서 ❷[도형]을 클릭하여 ❸ [설명선]의 '모서리가 둥근 사각형 설명선'을 선택합니다.

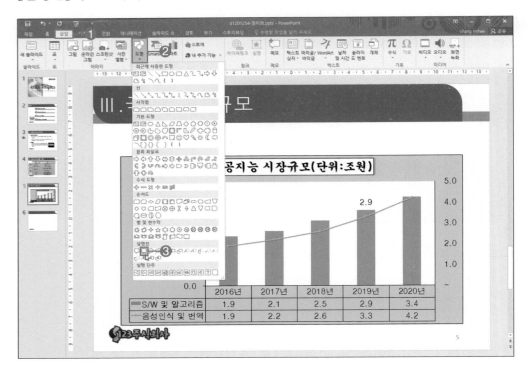

02 ❶차트 영역 안쪽에 드래그하여 삽입한 후 텍스트를 입력합니다. 도형 전체를 선택한 후 ❷[홈] 탭의 [글꼴] 그룹에서 ❸'글꼴 : 굴림', '글자 크기 : 18pt', ❹'글자색 : 검정'을 선택합니다.

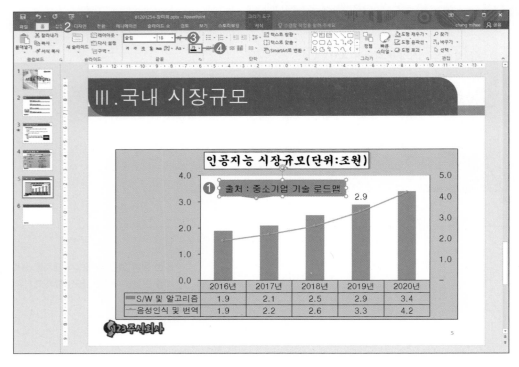

03 도형에 스타일을 적용하기 위해 도형을 선택한 상태에서 ❶[홈] 탭의 [그리기] 그룹에서 ❷'빠른 스타일'의 ❸'미세효과 – 파랑, 강조 1'을 선택합니다.

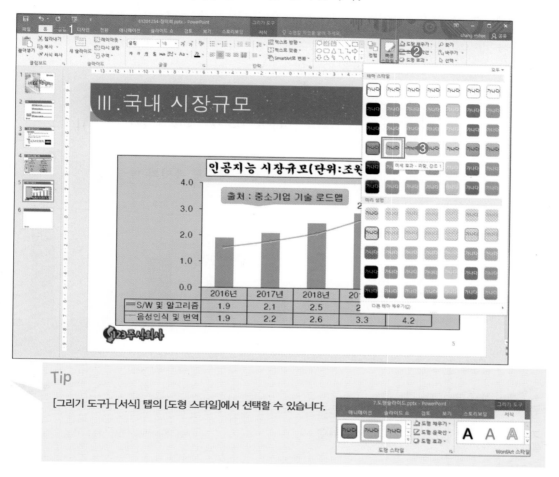

Tip

[그리기 도구]–[서식] 탭의 [도형 스타일]에서 선택할 수 있습니다.

04 도형의 노란 조절점을 드래그하여 《출력형태》에 맞게 조절하고 완성합니다.

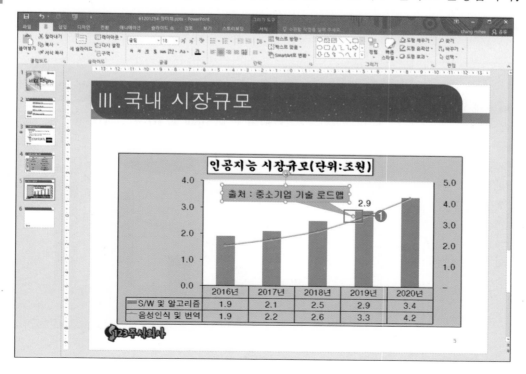

01 다음의 조건을 적용하여 슬라이드를 완성하시오.

■ ■ 예제 : 실력팡팡₩6.차트슬라이드₩차트1.pptx

≪차트 슬라이드≫

(100점)

조건
(1) 차트 작성 기능을 이용하여 슬라이드를 작성한다.
(2) 차트 : 종류(묶은 세로 막대형), 글꼴(돋움, 16pt), 외곽선

세부조건

❖ **차트설명**
- 차트제목 : 궁서, 24pt, 굵게, 채우기(흰색), 테두리, 그림자(오프셋 아래쪽)
- 차트 영역 : 채우기(노랑)
- 그림 영역 : 채우기(흰색)
- 데이터 서식 : 국가총배출량 계열을 표식이 있는 꺾은선형으로 변경 후 보조축으로 지정
- 값 표시 : 국가총배출량 계열만

① 도형 삽입
- 스타일 : 미세 효과 – 황록색, 강조3
- 글꼴 : 돋움, 18pt

출력형태

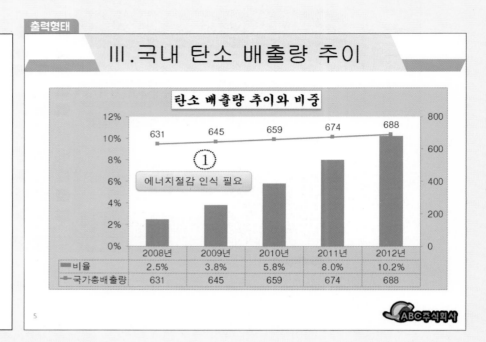

02 다음의 조건을 적용하여 슬라이드를 완성하시오.

■ ■ 예제 : 실력팡팡₩6.차트슬라이드₩차트2.pptx

≪차트 슬라이드≫

(100점)

조건
(1) 차트 작성 기능을 이용하여 슬라이드를 작성한다.
(2) 차트 : 종류(묶은 세로 막대형), 글꼴(굴림, 16pt), 외곽선

세부조건

❖ **차트설명**
- 차트제목 : 돋움, 24pt, 굵게, 채우기(흰색), 테두리, 그림자(오프셋 아래쪽)
- 차트 영역 : 채우기(노랑)
- 그림 영역 : 채우기(흰색)
- 데이터 서식 : 피해액 계열을 표식이 있는 꺾은선형으로 변경 후 보조축으로 지정
- 값 표시 : 태풍호우의 피해액 계열만

① 도형 삽입
- 스타일 : 강한 효과 – 자주, 강조4
- 글꼴 : 돋움, 18pt

출력형태

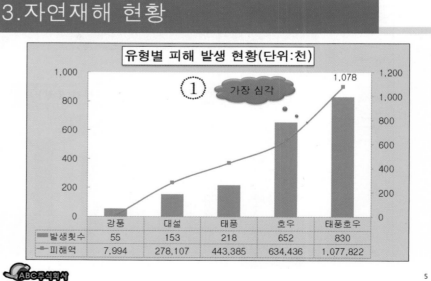

03 다음의 조건을 적용하여 슬라이드를 완성하시오.

■ ■ 예제 : 실력팡팡₩6.차트슬라이드₩차트3.pptx

≪차트 슬라이드≫

(100점)

조건 (1) 차트 작성 기능을 이용하여 슬라이드를 작성한다.
(2) 차트 : 종류(묶은 세로 막대형), 글꼴(굴림, 16pt), 외곽선

세부조건

❖ **차트설명**

- 차트제목 : 궁서, 24pt, 굵게, 채우기(흰색), 테두리, 그림자(오프셋 대각선 오른쪽 위)
- 차트 영역 : 채우기(노랑)
- 그림 영역 : 채우기(흰색)
- 데이터 서식 : 소프트웨어 계열을 표식이 있는 꺾은선형으로 변경 후 보조축으로 지정
- 값 표시 : 2020년의 소프트웨어 계열만

① 도형 삽입
- 스타일 : 미세 효과 - 황금색, 강조4
- 글꼴 : 굴림, 16pt

출력형태

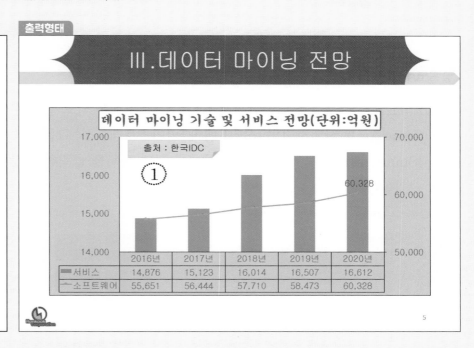

04 다음의 조건을 적용하여 슬라이드를 완성하시오.

■ ■ 예제 : 실력팡팡₩6.차트슬라이드₩차트4.pptx

≪차트 슬라이드≫

(100점)

조건 (1) 차트 작성 기능을 이용하여 슬라이드를 작성한다.
(2) 차트 : 종류(묶은 세로 막대형), 글꼴(돋움, 16pt), 외곽선

세부조건

❖ **차트설명**

- 차트제목 : 궁서, 24pt, 굵게, 채우기(흰색), 테두리, 그림자(오프셋 위쪽)
- 차트 영역 : 채우기(노랑)
- 그림 영역 : 채우기(흰색)
- 데이터 서식 : 국내 계열을 표식이 있는 꺾은선형으로 변경 후 보조축으로 지정
- 값 표시 : 2017년의 국내 계열만
- 질감 : 작은 물방울

① 도형 삽입
- 스타일 : 미세 효과 - 빨강, 강조2
- 글꼴 : 굴림, 18pt

출력형태

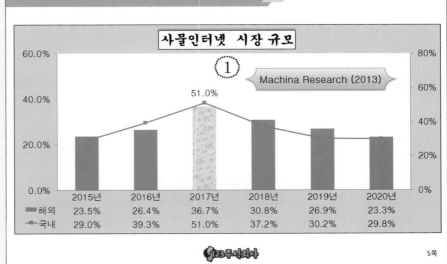

도형 슬라이드

Section

도형 슬라이드를 작성하는 부분으로 도해를 빠르고 쉽게 삽입할 수 있도록 하는 SmartArt와 도형을 이용하여 개체를 편집 및 그룹화하고 애니메이션 효과 등을 삽입하는 방법을 학습합니다.

SmartArt 삽입

- SmartArt는 도형을 패턴화해서 슬라이드에 도해를 쉽고 빠르게 삽입하기 위한 도구입니다.
- SmartArt를 삽입하려면 [삽입] 탭의 [일러스트레이션] 그룹에서 [SmartArt]를 클릭합니다.
- [SmartArt 그래픽 선택] 대화상자에서 선택 목록을 클릭하고 상황에 맞는 SmartArt를 선택하여 삽입합니다.

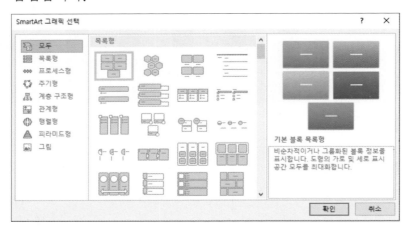

- 내용은 SmartArt의 텍스트 입력란에 직접 입력할 수 있으며 [텍스트 창]을 이용하여 입력할 수 있습니다.
- 텍스트 입력 창에서 줄바꿈은 **Enter** 를 누른 후 입력하고, 단락과 단락은 **Tab** 또는 **Shift** + **Tab** 으로 구분합니다. 자동으로 도형은 추가됩니다.
- 도형을 추가해서 입력하려면 [SmartArt 도구]–[디자인] 탭의 [그래픽 만들기] 그룹에서 [도형 추가]를 눌러 삽입할 수 있습니다.

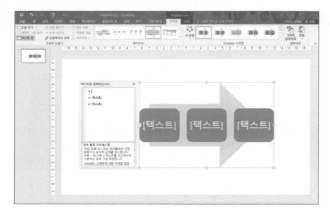

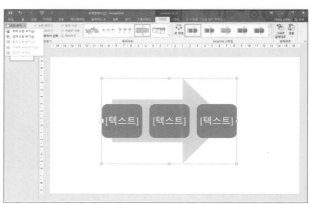

SmartArt 편집

❶ 그래픽 만들기 : SmartArt에 도형 추가, 좌우 대칭, 수준 올리기/내리기, 글머리 기호 추가, 레이아웃 변경

❷ 레이아웃 : SmartArt의 레이아웃 변경

❸ SmartArt 스타일 : SmartArt의 색 변경 또는 SmartArt의 미리 정해진 효과 적용

❹ 원래대로 : SmartArt 적용에 모든 서식을 초기 상태로 변경

그룹화

- 하나 이상의 도형을 선택한 후 마우스 바로가기 메뉴의 [그룹]–[그룹]을 선택합니다.
- 그룹 해제는 그룹을 선택하고 마우스 바로가기 메뉴의 [그룹]–[그룹 해제]를 선택합니다.
- 그룹화하거나 그룹 해제는 [그리기 도구]–[서식] 탭에서 [정렬] 그룹의 [그룹]에서 선택합니다.
- 단축키는 그룹은 $Ctrl$ + G , 그룹 해제는 $Ctrl$ + $Shift$ + G 입니다.

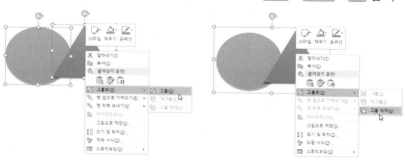

애니메이션 효과

- 슬라이드의 내용에서 강조하고 싶은 부분이나 이해를 돕는 부분에 효과를 주기 위해 사용합니다.
- [애니메이션] 탭의 [애니메이션] 그룹에서 '나타내기, 강조, 끝내기, 이동 경로' 효과를 적용합니다.

❶ 미리보기 : 편집 창에서 애니메이션을 재생합니다.

❷ 애니메이션 : 개체들의 애니메이션 목록에서 나타내기, 강조, 끝내기, 이동경로를 지정하고 애니메이션의 효과 옵션을 설정합니다.

❸ 고급 애니메이션

   – 애니메이션 추가 : 설정된 애니메이션에 추가로 애니메이션을 지정합니다.

   – 애니메이션 창 : 애니메이션 옵션 창을 표시합니다.

   – 트리거 : 특정 개체를 클릭하면 다른 개체를 실행하는 기능입니다.

   – 애니메이션 복사 : 애니메이션을 복사하여 다른 개체에 지정합니다.

❹ 타이밍

   – 시작 옵션 : 클릭할 때, 이전 효과와 함께, 이전 효과 다음에 등 애니메이션의 시작 옵션입니다.

   – 재생 시간 : 애니메이션의 재생 속도를 설정합니다.

   – 순서 바꾸기 : 실행 순서를 바꿉니다.

애니메이션 옵션

- 효과 : 방향, 소리, 애니메이션 후의 효과를 설정합니다.
- 타이밍 : 애니메이션의 시작 옵션과 재생 속도, 반복을 설정합니다.
- 텍스트 애니메이션 : 개체 단위 애니메이션의 효과를 설정합니다.

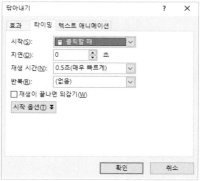
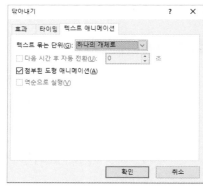

■ ■ 예제 : 출제유형₩7.도형슬라이드.pptx

도형 슬라이드

도형 슬라이드는 배점이 100점이며, 스마트아트와 도형을 삽입하고 개체를 그룹화하여 애니메이션 효과를 삽입하는 프레젠테이션 종합능력을 평가합니다.

[슬라이드 6] ≪도형 슬라이드≫   (100점)

조건 (1) 슬라이드와 같이 도형 및 스마트아트를 배치한다(글꼴 : 굴림, 18pt).
(2) 애니메이션 순서 : ① ⇒ ②

세부 조건

① 도형 및 스마트아트 편집
  – 스마트아트 디자인
    : 3차원 광택 처리, 3차원 벽돌
  – 그룹화 후 애니메이션 효과
    : 시계 방향 회전

② 도형 편집
  – 그룹화 후 애니메이션 효과
    : 실선무늬(세로)

출력형태

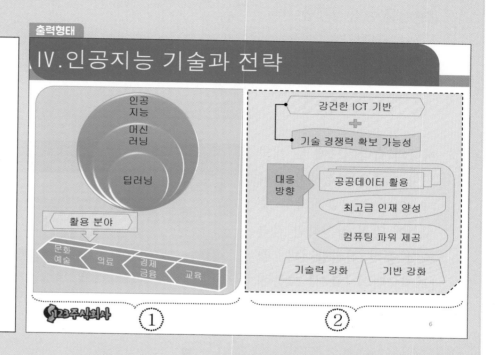

KEY POINT

- 도형 삽입
  – [삽입] : [일러스트레이션]–[도형]
  – [도형 편집] – [채우기] / [선 모양] / [정렬] – 좌우 대칭, 상하 대칭
- 스마트아트 디자인
  – [삽입] – [일러스트레이션] – [스마트아트] – [내용 입력]
  – [글꼴]
  – [스마트아트 디자인] – [스마트아트 스타일]
  – [그래픽 만들기] – [좌우 전환]
- 도형 그룹 : 도형 선택–마우스 오른쪽 버튼 – [그룹] – [그룹] / `Ctrl` + `G`
- 애니메이션
  – [애니메이션] – [애니메이션] – [나타내기] – [효과 옵션]
- 재 저장하기(`Ctrl` + `S`)

01 ❶여섯 번째 슬라이드를 선택하고 ❷제목 개체 틀에 'ㅈ'을 입력한 후 키보드의 [한자]를 눌러 'Ⅳ'를 삽입한 후 제목을 입력합니다. ❸개체 틀이 있다면 개체 틀은 Delete 를 눌러 삭제합니다.

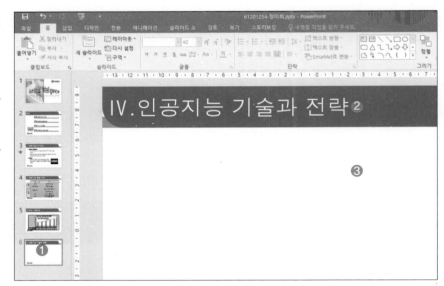

02 하나의 슬라이드에 두 개의 도형 그룹을 작성해야 합니다. 안내선을 표시하여 중심선에 맞춰 작성하면 간격 조절 등이 편리합니다. ❶ [보기] 탭의 [표시] 그룹에서 ❷'안내선'을 체크합니다.

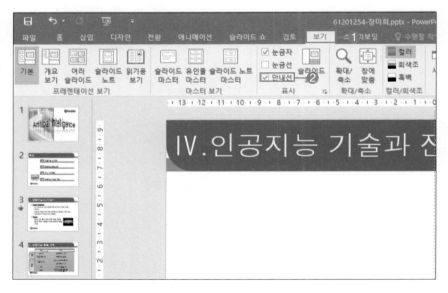

03 좌측 도형 그룹을 먼저 작성합니다. 바닥의 도형부터 작성합니다. ❶[삽입] 탭의 ❷[일러스트레이션] 그룹에서 [도형]을 클릭하여 ❸'사각형'의 '대각선 방향의 모서리가 둥근 사각형'을 선택합니다.

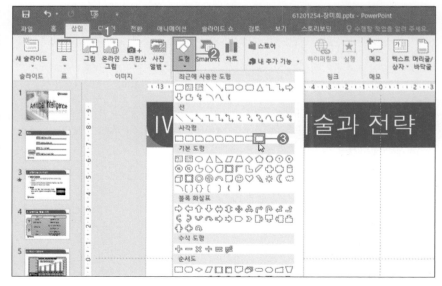

04 ❶도형을 안내선의 왼쪽에 드래그합니다. ❷노란 조절점을 왼쪽으로 드래그하여 ≪출력형태≫
에 맞게 조절합니다. 도형의 색을 임의로 변경합니다.

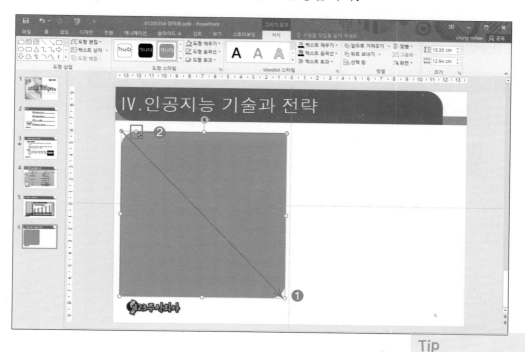

05 스마트아트를 삽입하기 위해 ❶[삽입] 탭의 [일러스트레이션] 그룹에서 ❷'SmartArt'를 클릭합
니다. ❸[SmartArt] 대화상자가 열리면 관계형에서 ❹'누적 벤형'을 선택한 후 ❺[확인]을 클릭
합니다.

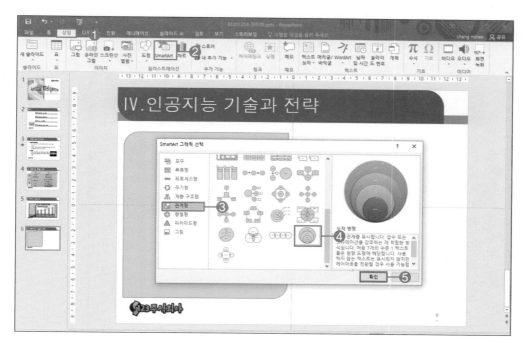

06 텍스트 창에 입력하기 위해 ❶텍스트 창 단추를 누릅니다. ❷'인공지능, 머신러닝, 딥러닝'을 입력하고 남은 텍스트 입력란은 [Delete] 눌러 삭제합니다. 하나의 문단에 두 줄을 입력할 때는 [Shift] + [Enter]를 눌러 입력하고 다음 도형으로 이동할 때는 아래 방향키로 이동합니다. 내용을 추가할 때는 [Enter]를 눌러 입력합니다. ❸입력이 완료되면 텍스트 창은 [닫기]를 누릅니다.

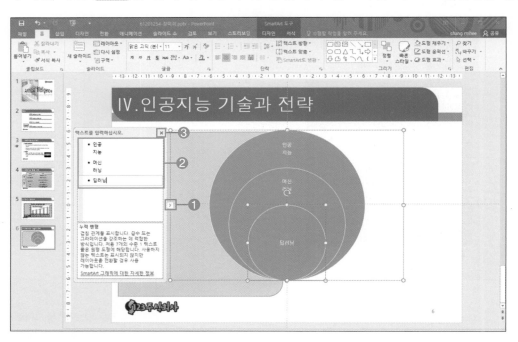

07 스마트아트 디자인을 적용하기 위해 ❶작성된 스마트아트를 선택한 후 ❷[SmartArt 도구]-[디자인] 탭에서 ❸[SmartArt 스타일] 그룹의 '자세히' 단추를 클릭합니다. ❹SmartArt 스타일 목록에서 '3차원'의 '광택 처리'를 선택합니다.

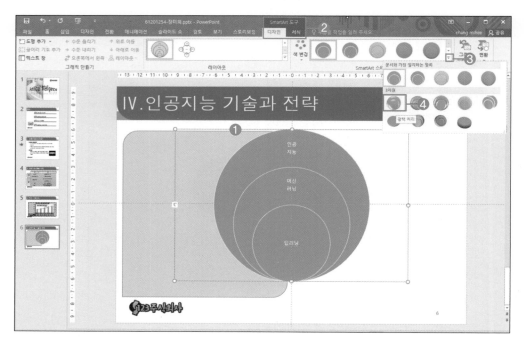

08 스마트아트에 글꼴을 적용하기 위해 ❶작성된 스마트아트를 선택한 후 ❷[홈] 탭의 ❸[글꼴] 그룹에서 '글꼴 : 굴림, 글자 크기 : 18pt'를 선택하고 ❹'글자 색 : 검정'을 선택합니다.

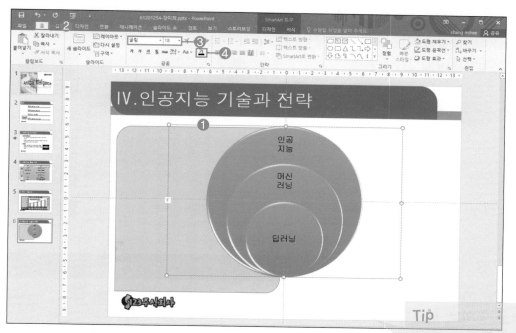

> **Tip**
> 글꼴을 먼저 변경하게 되면 스타일에 의해 글꼴이 바뀌게 됩니다. 스마트아트 스타일을 설정한 후 글꼴을 변경합니다.

09 작성된 스마트아트는 도형 안의 텍스트가 두 줄로 넘겨지지 않도록 주의하면서 크기를 조절하고 《출력형태》에 맞춰 배치합니다. 스마트아트의 바깥 테두리 선은 바깥쪽으로 넘어가도 됩니다. 안쪽의 스마트아트가 안쪽에 배치되면 됩니다.

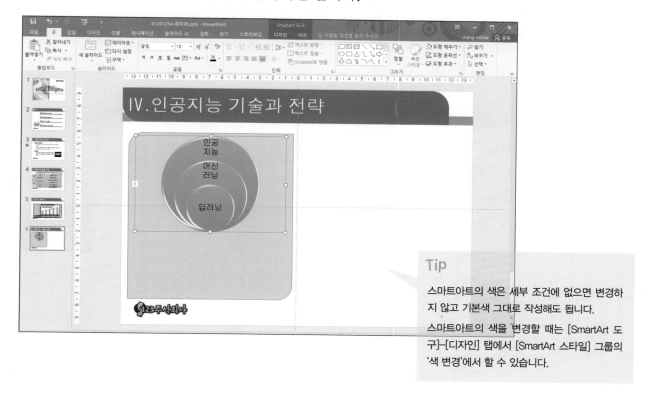

> **Tip**
> 스마트아트의 색은 세부 조건에 없으면 변경하지 않고 기본색 그대로 작성해도 됩니다.
> 스마트아트의 색을 변경할 때는 [SmartArt 도구]-[디자인] 탭에서 [SmartArt 스타일] 그룹의 '색 변경'에서 할 수 있습니다.

10 도형을 삽입하기 위해 ❶ [삽입] 탭의 ❷[일러스트레이션] 그룹에서 [도형]을 클릭하여 ❸'블록 화살표'의 '아래쪽 화살표 설명선'을 선택합니다.

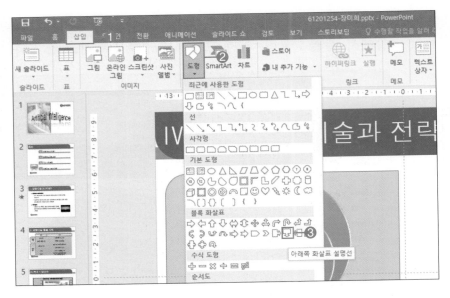

11 ❶도형을 그린 후 도형과 도형의 구분을 위해 도형의 채우기 색을 임의로 변경합니다.

Tip
도형의 색과 두께 등은 기본값으로 적용해도 됩니다. 제시된 경우나 《출력형태》에 따라 변경합니다.

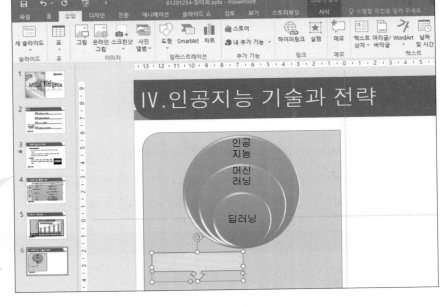

12 두 번째 도형을 삽입하기 위해 ❶[삽입] 탭의 ❷[일러스트레이션] 그룹에서 [도형]을 클릭하여 ❸'기본 도형'의 '육각형'을 선택합니다.

13 도형을 삽입하고 도형의 채우기 색을 임의로 변경합니다. 삽입된 도형에 ❶텍스트를 입력한 후 ❷[홈] 탭의 ❸[글꼴] 그룹에서 '글꼴 : 굴림, 글자 크기 : 18pt'를 설정하고 ❹'글자 색 : 검정'을 선택합니다.

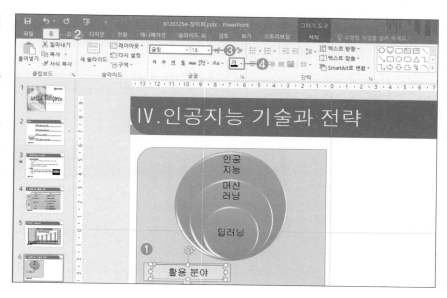

14 도형을 그릴 때마다 글꼴 설정을 해야하는 번거로움을 없애기 위해 ❶글꼴과 크기가 설정된 도형을 선택한 후 ❷마우스 오른쪽 단추를 눌러 바로가기 메뉴의 '기본 도형으로 설정'을 클릭합니다. 이후부터 그려지는 도형은 같은 서식으로 삽입이 되어 글꼴과 크기, 색 등은 변경하지 않아도 됩니다.

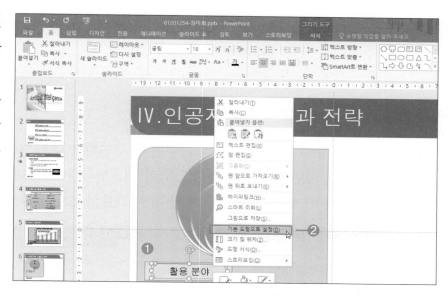

15 두 번째 스마트아트를 삽입하기 위해 ❶[삽입] 탭의 [일러스트레이션] 그룹에서 ❷'SmartArt'를 클릭합니다.

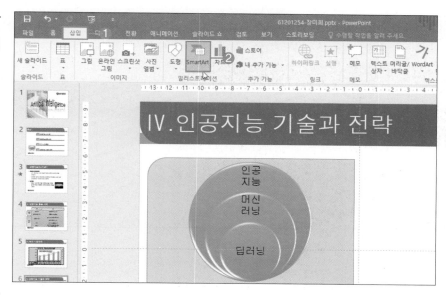

16 [SmartArt] 대화상자가 열리면 ❶'프로세스형'에서 ❷'닫힌 갈매기형 수장 프로세스형'을 선택한 후 ❸[확인]을 클릭합니다.

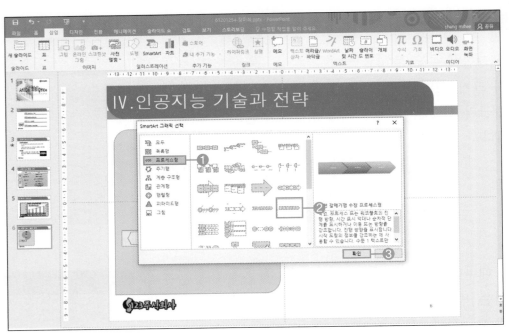

17 프로세스형은 좌우로 변환된 경우는 좌우변환한 후에 텍스트를 입력합니다. 입력한 후 좌우로 변환을 하면 텍스트의 순서도 함께 변경됩니다. ❶스마트아트를 선택한 후 ❷[SmartArt 도구]-[디자인] 탭에서 ❸[그래픽 만들기] 그룹의 '오른쪽에서 왼쪽'을 클릭합니다.

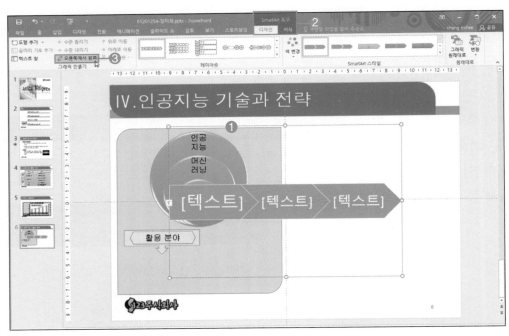

18 좌우로 변환된 스마트아트의 ❶'텍스트 창'을 클릭하여 활성화한 후 ❷≪출력형태≫의 오른쪽 텍스트부터 입력합니다. ❸입력이 완료되면 [닫기]를 누릅니다.

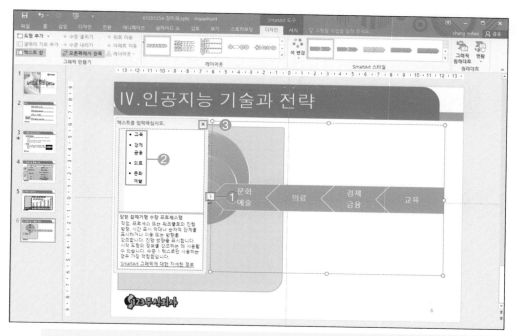

Tip

도형에 직접 입력할 때는 왼쪽부터 입력하지만 텍스트 창을 이용하는 경우에는 오른쪽 텍스트부터 입력합니다. 텍스트 창을 이용하면 텍스트 입력 여부에 따라 자동으로 도형이 추가됩니다.

19 스마트아트 디자인을 적용하기 위해 ❶작성된 스마트아트를 선택한 후 ❷[SmartArt 도구]-[디자인] 탭에서 ❸[SmartArt 스타일] 그룹의 '자세히' 단추를 클릭한 후 'SmartArt 스타일' 목록에서 '3차원'의 '벽돌'을 선택합니다.

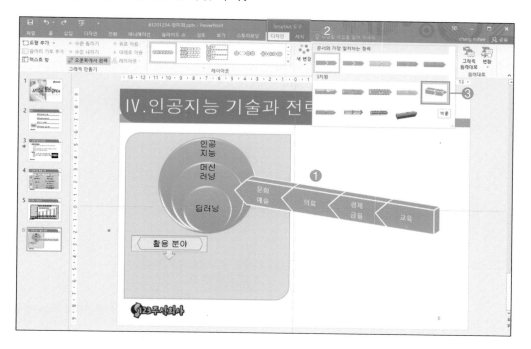

20 스마트아트에 글꼴을 적용하기 위해 ❶작성된 스마트아트를 선택한 후 ❷[홈] 탭의 ❸[글꼴] 그룹에서 '글꼴 : 굴림, 글자 크기 : 18pt'를 선택합니다. 글자 색은 흰색이므로 변경하지 않습니다.

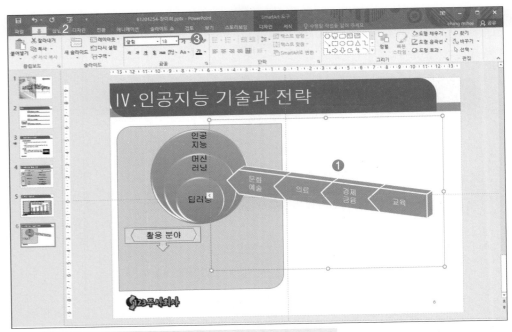

Tip

스마트아트와 도형의 글자 색은 《출력형태》에 따라 변경합니다.

21 작성된 스마트아트는 도형 안의 텍스트가 두 줄로 넘겨지지 않도록 주의하면서 크기를 조절하고 《출력 형태》와 같이 배치합니다.

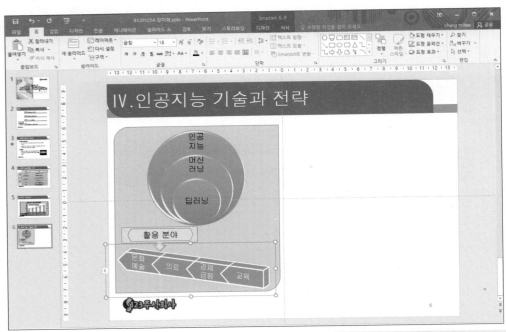

Tip

스마트아트의 도형 부분만 바닥 도형 안쪽에 배치되면 됩니다.

22 스마트아트와 도형들이 모두 선택될 수 있도록 넓게 드래그하여 선택합니다.

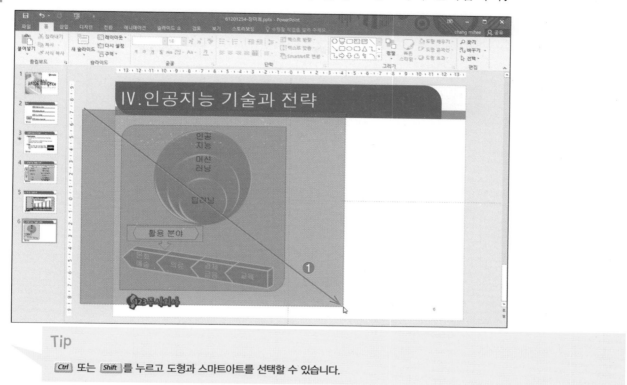

Tip

Ctrl 또는 Shift 를 누르고 도형과 스마트아트를 선택할 수 있습니다.

23 ①도형과 스마트아트가 모두 포함되었는지 확인한 후 ②[그리기 도구]-[서식] 탭에서 ③[정렬] 그룹의 '그룹화'-'그룹'을 선택합니다. 단축키 Ctrl + G 를 사용할 수 있습니다.

24 그룹이 되면 하나의 개체가 되고 조절점이 바깥쪽에 8개가 생깁니다.

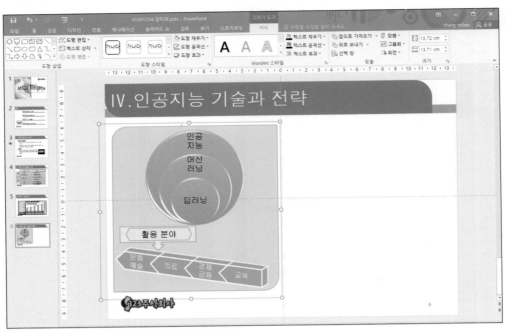

도형과 스마트아트 그룹화

도형과 스마트아트를 그룹화할 때 스마트아트가 포함이 되었는지 확인합니다. 도형 안에 배치되어 있어도 스마트아트의 테두리는 도형 바깥쪽까지 걸쳐 있는 경우가 있습니다. 마우스로 드래그하여 도형들을 선택하는 경우 스마트아트의 전체 크기를 확인한 후 도형을 선택합니다.

01 우측 도형 그룹을 작성합니다. 바닥의 도형부터 작성하기 위해 ❶[홈] 탭의 ❷[일러스트레이션] 그룹에서 [도형]을 클릭하여 ❸'사각형'의 '한쪽 모서리가 잘린 사각형'을 선택합니다.

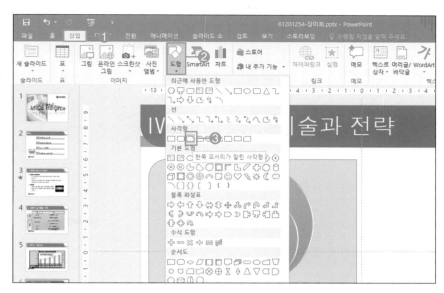

02 ❶도형을 안내선에 맞춰 오른쪽에 드래그합니다. ❷노란 조절점을 왼쪽으로 드래그하여 ≪출력형태≫에 맞게 조절합니다.

Tip

왼쪽 텍스트가 입력된 도형을 '기본 도형으로 설정'을 했기 때문에 '기본 도형 설정'한 도형 스타일로 그려집니다.

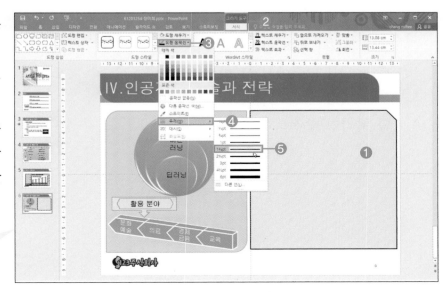

03 ≪출력형태≫에 보이는 도형의 테두리의 굵기를 변경합니다. ❶우측 도형을 선택한 상태에서 ❷[그리기 도구]-[서식] 탭의 [도형 스타일] 그룹에서 ❸[도형 윤곽선]의 ❹'두께'를 클릭한 후 ❺'1½pt'를 선택합니다.

Tip

두께에 대한 제시가 없으므로 화면에 보이는 대로 임의로 선택하면 됩니다.

04 ≪출력형태≫에 보이는 도형의 테두리 스타일을 변경합니다. 우측 도형을 선택한 상태에서 ❶[그리기 도구]-[서식] 탭의 [도형 스타일] 그룹에서 ❷[도형 윤곽선]의 ❸'대시'를 클릭한 후 ❹'파선'을 선택합니다.

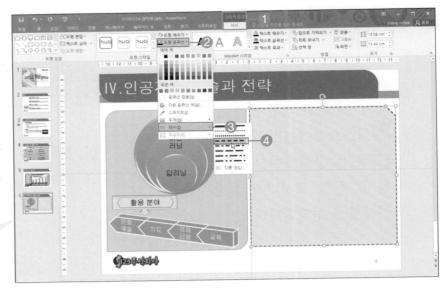

> **Tip**
>
> 마우스 오른쪽 버튼을 눌러 '빠른 메뉴'에서 '도형 채우기'와 '도형 윤곽선'을 설정할 수 있습니다.

05 도형을 회전하기 위해 우측 도형을 선택한 상태에서 ❶[그리기 도구]-[서식] 탭의 [정렬] 그룹에서 ❷[회전]의 ❸'상하 대칭'을 클릭합니다.

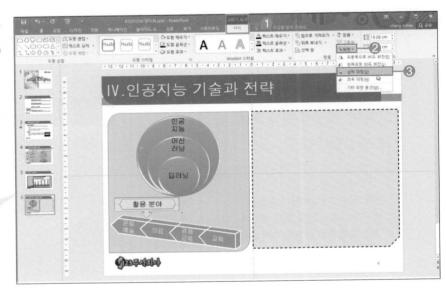

> **Tip**
>
> [홈] 탭의 [정렬] 그룹의 [개체 위치] - [회전]에서 설정할 수 있습니다.

06 첫 번째 도형을 작성하기 위해 ❶[홈] 탭의 ❷[일러스트레이션] 그룹에서 [도형]을 클릭하여 ❸'기본 도형'의 '육각형'을 선택합니다.

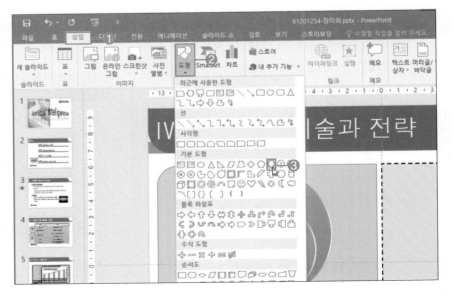

07 ❶도형을 드래그하여 작성한 후 텍스트를 입력합니다. '기본 도형 설정'에 의해 도형의 색과 테두리, 글꼴이 적용됩니다. 도형의 구분을 위해 도형 '채우기 색'만 변경하고 크기와 위치를 조절합니다.

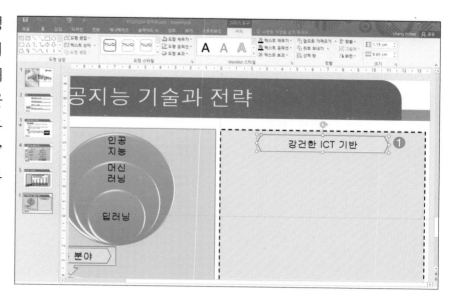

08 두 번째 도형을 작성하기 위해 ❶[삽입] 탭의 ❷[일러스트레이션] 그룹에서 [도형]을 클릭하여 ❸'별 및 현수막'의 '물결'을 선택합니다.

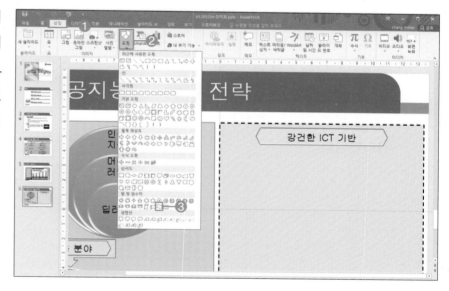

09 ❶도형을 드래그하여 작성한 후 텍스트를 입력합니다. '기본 도형 설정'에 의해 도형의 색과 테두리, 글꼴이 적용됩니다. 도형의 구분을 위해 도형 채우기 색만 변경하고 크기와 위치를 조절합니다.

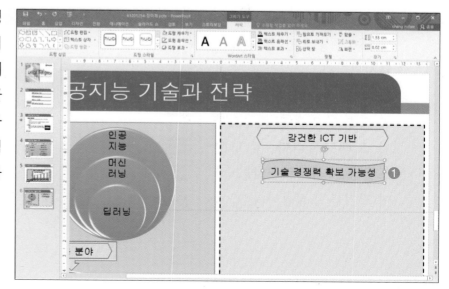

10 ❶[홈] 탭의 ❷[일러스트레이션] 그룹에서 [도형]을 클릭하여 ❸ '수식'의 '덧셈 기호'를 그린 후 ≪출력형태≫에 맞춰 배치합니다.

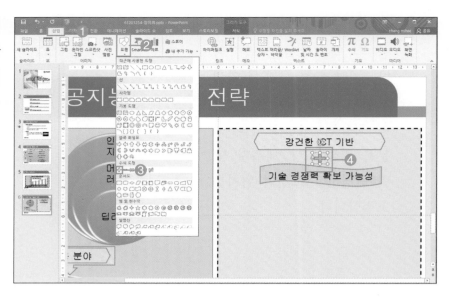

11 도형과 도형을 연결하는 연결선을 작성합니다. ❶[홈] 탭의 ❷[일러스트레이션] 그룹에서 [도형]을 클릭하여 ❸'선'의 '꺾인 연결선'을 선택합니다.

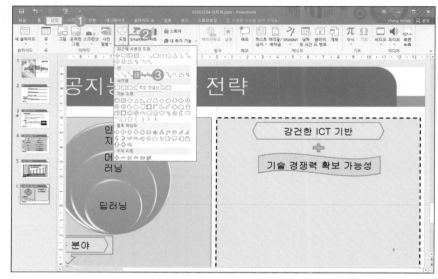

12 첫 번째 도형 위에 마우스를 올려 놓으면 조절점이 표시됩니다. ❶시작할 조절점 위에 클릭한 후 ❷두 번째 도형의 연결할 조절점까지 드래그합니다. ❸노란 조절점을 좌우로 드래그하여 크기를 조절합니다.

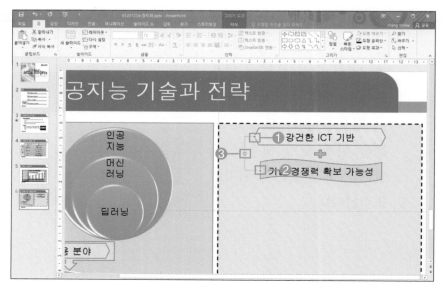

13 연결선을 선택한 상태에서 ❶[그리기 도구]-[서식] 탭의 [도형 스타일] 그룹에서 ❷[도형 윤곽선]의 ❸'두께'를 클릭한 후 ❹'1½pt'를 선택합니다.

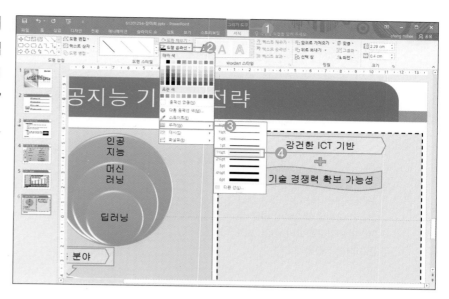

14 화살표를 변경하기 위해 ❶ 연결선을 선택한 상태에서 ❷[그리기 도구]-[서식] 탭의 [도형 스타일] 그룹에서 ❸[도형 윤곽선]의 ❹'화살표'를 클릭한 후 ❺'화살표 스타일11'을 선택합니다.

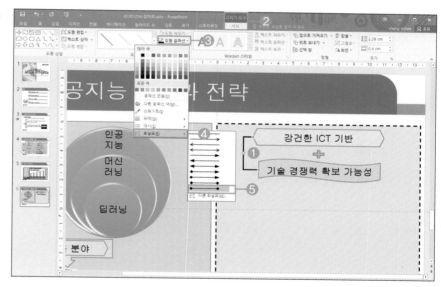

15 [삽입] 탭의 [일러스트레이션] 그룹에서 [도형]을 클릭하여 ❶'사각형'의 '모서리가 둥근 사각형'과 '순서도'의 '순서도 : 다중 문서'를 작성합니다.

> **Tip**
> 입력된 텍스트 길이를 보고 길게 작성합니다.

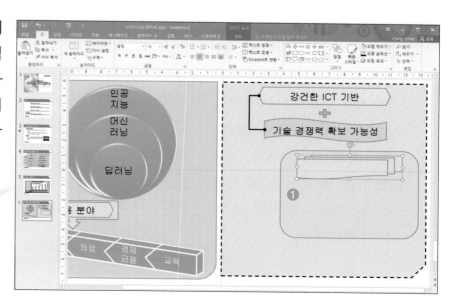

16 삽입된 '순서도 : 다중 문서' 도형을 `Ctrl` + `Shift` 를 누르고 아래로 수직 복사합니다.

Tip

도형을 새로 작성하는 것이 아닌 삽입된 도형을 복사하여 다른 도형으로 변경하면 크기, 위치, 효과 등 그대로 적용됩니다.

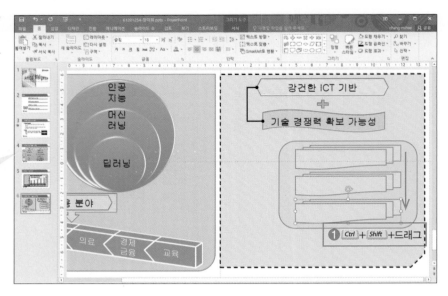

17 ❶복사된 도형을 선택한 상태에서 ❷[그리기 도구]-[서식] 탭의 [도형 삽입] 그룹에서 ❸[도형 편집]의 ❹[도형 모양 변경]을 클릭한 후 ❺'기본 도형'의 '눈물 방울'을 선택합니다.

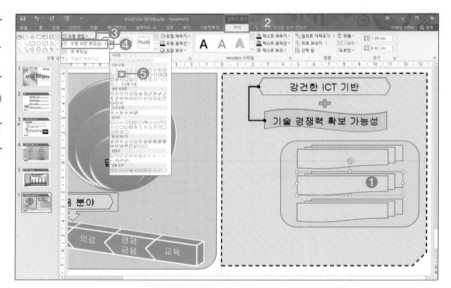

18 복사된 도형이 '눈물 방울' 도형으로 변경됩니다. ❶ 마지막 도형을 선택하고 ❷ [그리기 도구]-[서식] 탭의 [도형 삽입] 그룹에서❸[도형 편집]의 ❹[도형 모양 변경]을 클릭한 후 ❺'순서도'의 '순서도 : 화면 표시'를 선택합니다.

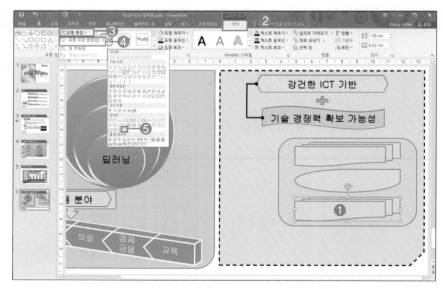

19 도형이 변경됩니다. 각 도형에 텍스트를 입력하고 도형의 너비를 조절합니다.

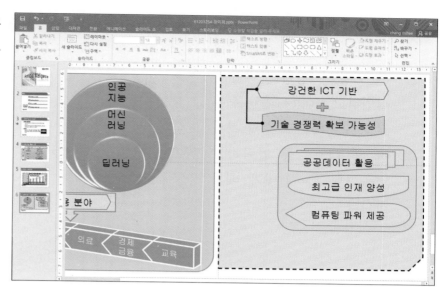

20 왼쪽 도형을 삽입하기 위해 ❶[삽입] 탭의 ❷[일러스트레이션] 그룹에서 [도형]을 클릭하여 ❸'블록 화살표'의 '오른쪽 화살표 설명선'을 선택한 후 ❹《출력 형태》에 맞게 작성합니다.

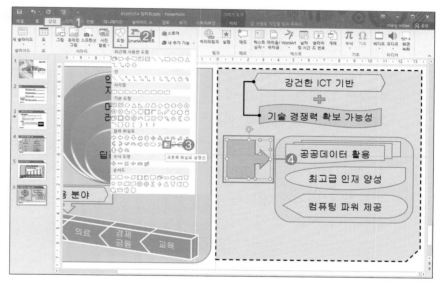

21 ❶도형의 사각형에 있는 조절점을 ❷우측으로 드래그합니다. ❸위쪽 삼각형에 있는 조절점을 ❹위로 드래그하여 도형을 변형합니다.

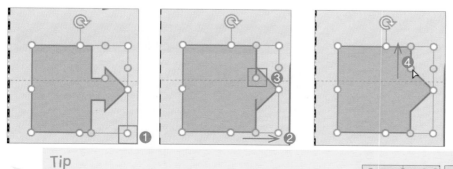

Tip

①사각형 위쪽의 조절점을 아래로 내리고 ②안쪽 조절점을 위로 드래그하면 ③모양은 비슷하나 뾰족하고 길어 집니다. 주의하세요.

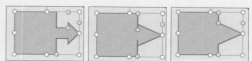

22 ❶[삽입] 탭의 [일러스트레이션] 그룹의 [도형]에서 '기본 도형'의 '평행 사변형'을 삽입하고, `Ctrl` + `Shift` 를 누르고 오른쪽으로 수평 복사한 후 텍스트를 입력하고 ≪출력형태≫에 맞게 배치합니다.

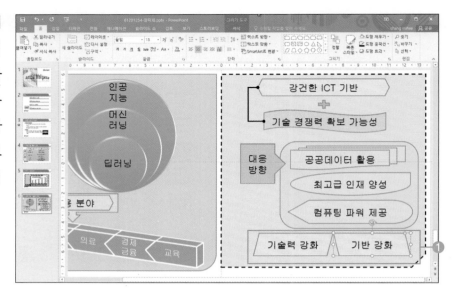

23 오른쪽 도형들이 모두 선택될 수 있도록 넓게 드래그하여 선택합니다. 위에서 아래로 드래그가 쉽지 않은 경우 오른쪽 하단에서 왼쪽 상단으로 드래그하여 모두 선택합니다. 단, 슬라이드 번호가 선택되지 않도록 주의합니다.

Tip

`Ctrl` 또는 `Shift` 를 누르고 선택할 수 있습니다.

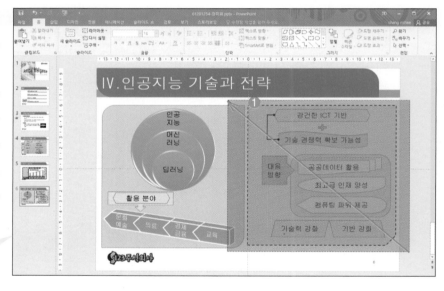

24 도형 모두 포함되었는지 확인한 후 ❶[그리기 도구]−[서식] 탭에서 ❷[정렬] 그룹의 '그룹화'−'그룹'을 선택합니다. 단축키 `Ctrl` + `G` 를 사용할 수 있습니다.

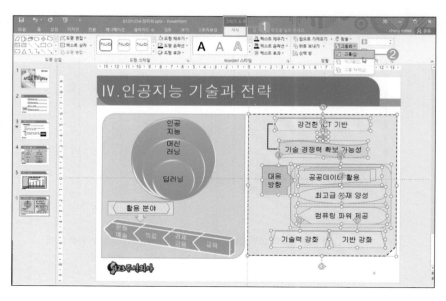

01 그룹화된 도형에 애니메이션을 설정합니다. ❶왼쪽의 그룹 도형을 선택한 후 ❷[애니메이션] 탭의 [애니메이션] 그룹에서 ❸'자세히' 단추를 클릭합니다.

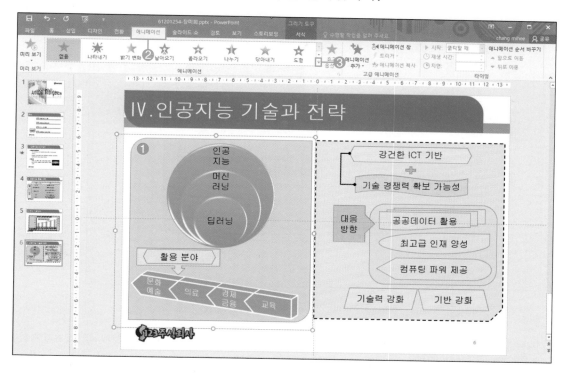

02 ❶[나타내기] 목록에서 ❷'시계 방향 회전'을 선택합니다.

03 ❶오른쪽의 그룹 도형을 선택한 후 ❷[애니메이션] 탭의 [애니메이션] 그룹에서 ❸'자세히' 단추
를 클릭합니다. ❶[나타내기]의 '실선 무늬'를 선택합니다.

Tip

[나타내기]에 없는 애니메이션을 하단의 [추가 나타내기 효과]에서 찾을수 있으며 [나타내기] 또는 [추가 나타내기 효과]에 없으면 [강
조] 애니메이션에서 찾아보세요.

04 적용된 애니메이션의 효과 옵션을 변경하기 위해 ❶[애니메이션] 탭의 [애니메이션] 그룹에서
❷[효과 옵션]을 클릭하고 ❸'세로'를 선택하여 완성합니다.

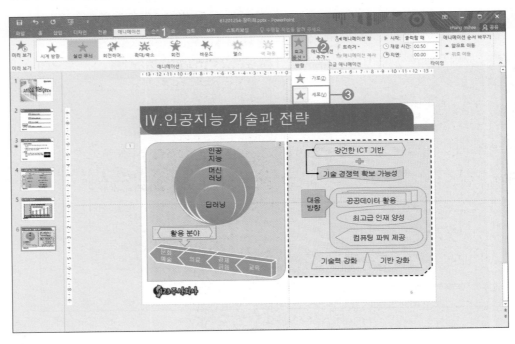

05 애니메이션을 재생해 봅니다. ❶[애니메이션] 탭의 ❷[고급 애니메이션] 그룹에서 '애니메이션 창'을 클릭합니다. ❸오른쪽 '애니메이션 창'에서 '모두 재생'을 클릭하여 애니메이션 순서가 맞는지 또는 그룹화에서 빠진 도형이 있는지 확인합니다.

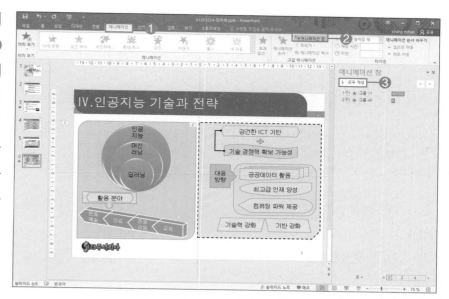

06 애니메이션은 순서에 따라 ❶번과 ❷번의 번호가 표시됩니다. 순서가 바뀌었다면 ❶애니메이션을 선택한 후 ❹'위로' 또는 '아래'단추를 눌러 순서를 변경합니다.

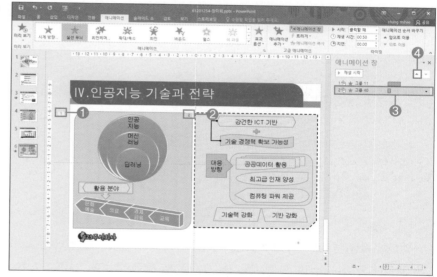

> **Tip**
>
> 애니메이션을 삭제하려면 [애니메이션 창]에서 삭제할 애니메이션을 선택한 후 목록 단추를 클릭하여 '제거'를 선택합니다.

○ 서로 비슷한 도형

❶ '사각형'의 '한쪽 모서리가 잘린 사각형'과 '순서도'의 '카드'입니다. '한쪽 모서리가 잘린 사각형'은 노란 조절점이 있으며 왼쪽으로 드래그했을 때 '순서도의 카드'와 빗면이 다릅니다.

❷ '기본 도형의 원통형'과 '순서도의 자기 디스크'의 차이점은 노란색 조절점의 유무와 원형 부분의 색이 다릅니다. '순서도의 직접 엑세스 저장소'를 원통형처럼 회전하면 텍스트도 회전됩니다.

❸ 다음 도형의 차이점은 오목하고 볼록한 부분의 위치입니다.

❹ 다음 도형은 서로 비슷하나 회전을 했을 때 텍스트가 같이 회전됩니다. 사다리꼴을 회전했지만 텍스트는 정상이라면 사다리꼴이 아닌 순서도 도형이며 길게 크기를 조절했을 때 빗면 경사도가 다릅니다.

❺ '기본 도형의 구름'과 '설명선의 구름 모양 설명선'입니다. 구름 아래에 꼬리가 있는지 확인합니다.

○ 틀리기 쉬운 도형

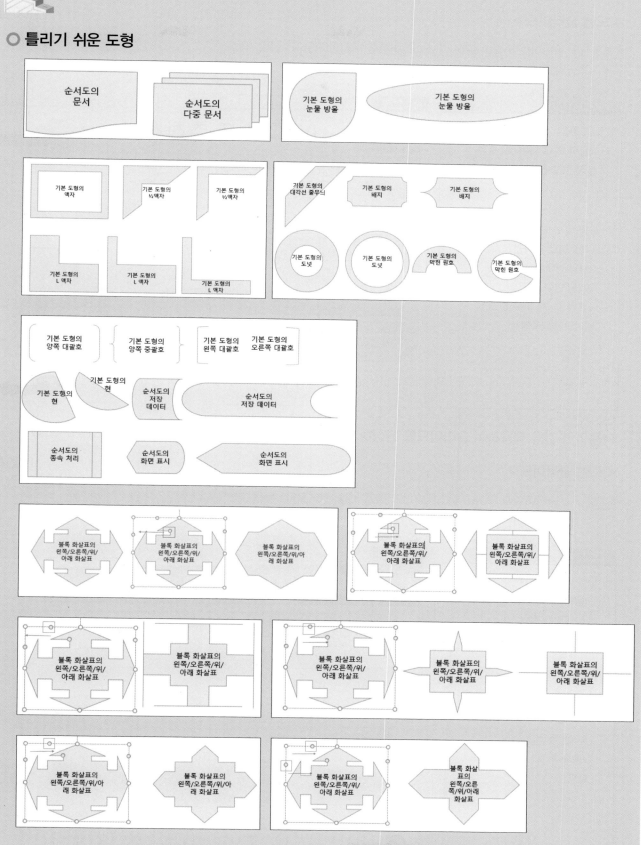

01 다음의 조건을 적용하여 슬라이드를 완성하시오.

■■ 예제 : 실력팡팡₩7.도형슬라이드₩도형1.pptx

≪도형 슬라이드≫

(100점)

조건 (1) 슬라이드와 같이 도형 및 스마트아트를 배치한다(글꼴 : 굴림, 18pt).
　　 (2) 애니메이션 순서 : ① ⇒ ②

세부조건

① 도형 편집
 – 그룹화 후 애니메이션 효과
　: 블라인드(세로)

② 도형 및 스마트아트 편집
 – 스마트아트 디자인
　: 3차원 광택처리,
　　3차원 만화
 – 그룹화 후 애니메이션 효과
　: 날아오기(왼쪽에서)

출력형태

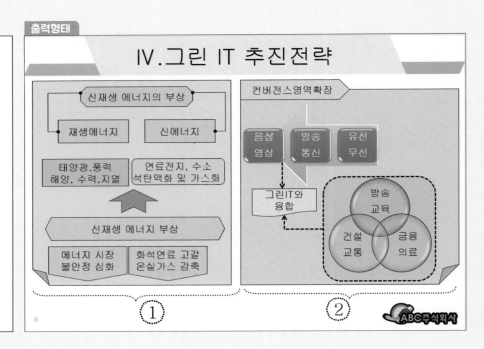

02 다음의 조건을 적용하여 슬라이드를 완성하시오.

■■ 예제 : 실력팡팡₩7.도형슬라이드₩도형2.pptx

≪도형 슬라이드≫

(100점)

조건 (1) 슬라이드와 같이 도형 및 스마트아트를 배치한다(글꼴 : 돋움, 18pt).
　　 (2) 애니메이션 순서 : ① ⇒ ②

세부조건

① 도형 편집
 – 그룹화 후 애니메이션 효과
　: 날아오기(왼쪽에서)

② 도형 및 스마트아트 편집
 – 스마트아트 디자인
　: 3차원 경사,
　　3차원 파우더
 – 그룹화 후 애니메이션 효과
　: 회전

출력형태

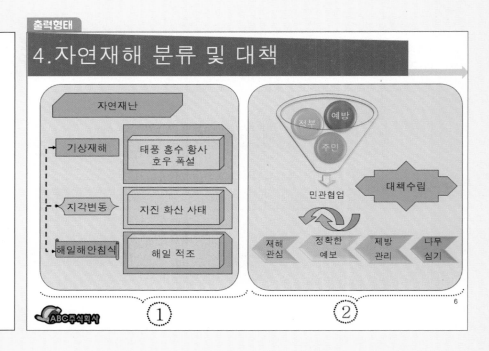

03 다음의 조건을 적용하여 슬라이드를 완성하시오.

■■ 예제 : 실력팡팡₩7.도형슬라이드₩도형3.pptx

≪도형 슬라이드≫

(100점)

조건 (1) 슬라이드와 같이 도형 및 스마트아트를 배치한다(글꼴 : 굴림, 18pt).
(2) 애니메이션 순서 : ① ⇒ ②

세부조건

① 도형 및 스마트아트 편집
 – 스마트아트 디자인
  : 3차원 광택처리,
   3차원 벽돌
 – 그룹화 후 애니메이션 효과
  : 닦아내기(위에서)

② 도형 편집
 – 그룹화 후 애니메이션 효과
  : 바운드

출력형태

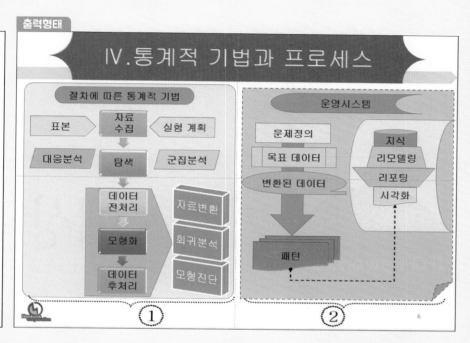

04 다음의 조건을 적용하여 슬라이드를 완성하시오.

■■ 예제 : 실력팡팡₩7.도형슬라이드₩도형4.pptx

≪도형 슬라이드≫

(100점)

조건 (1) 슬라이드와 같이 도형 및 스마트아트를 배치한다(글꼴 : 굴림, 18pt).
(2) 애니메이션 순서 : ① ⇒ ②

세부조건

① 도형 및 스마트아트 편집
 – 스마트아트 디자인
  : 3차원 조감도
   강한 효과
 – 그룹화 후 애니메이션 효과
  : 회전하며 밝기 변화

② 도형 편집
 – 그룹화 후 애니메이션 효과
  : 깜빡이기

출력형태

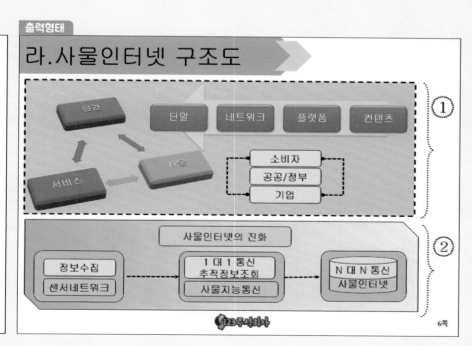

ITQ PowerPoint

기출 · 예상 문제 15회

POWERPO

I .Green IT

by IT

h by IT Energy/IT convergence to maximize the
ient use of resources, facilitate the transition of a low-
bon society

eal-time enviromental monitoring and early disaster response
system as it will enhance your responsiveness to climate change

①

린 IT 기반

'저탄소 녹색성장'을 국가비전으로 제시하면서 '녹색
뉴딜 정책'발표

・ 환경문제 및 에너지 소비 효율화 등 녹색성장 기반

나.ICT기술과 사례

①

②

	ICT 기술	관련기술	
핵심 기술	IoT	모든 사물에 네트워크를 연결한 통신	교통, 제조 헬스케어
	빅데이터	다양한 데이터의 수집 저장관 리 분석으로 새로운 가치창출	공공행정 소매.제조 개인정보
관련 기술	클라우드	IT자원을 필요 시 인터넷을 통해 서비스	자원관리 모바일
	웨어러블	신체에 부착한 컴퓨팅	인체센서.행동기반
	상황인식	생체신호. 생활이력의 분석	GPS 모바일 시스템

③

NT 2016

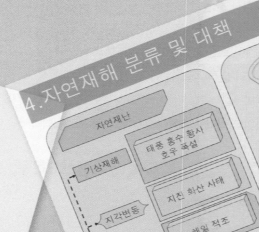

제1회 정보기술자격(ITQ) 시험

과 목	코 드	문제유형	시험시간	수험번호	성 명
한글파워포인트	1142	B	60분		

수험자 유의사항

- 수험자는 문제지를 받는 즉시 문제지와 **수험표상의 시험과목(프로그램)이 동일한지 반드시 확인**하여야 합니다.
- 파일명은 본인의 "수험번호–성명"으로 입력하여 답안폴더(내 PC₩문서₩ITQ)에 하나의 파일로 저장해야 하며, 답안문서 파일명이 "수험번호–성명"과 일치하지 않거나, 답안파일을 전송하지 않아 미제출로 처리될 경우 실격 처리합니다 (예:12345678–홍길동.pptx).
- 답안 작성을 마치면 파일을 저장하고, '답안 전송' 버튼을 선택하여 감독위원 PC로 답안을 전송하십시오. 수험생 정보와 저장한 파일명이 다를 경우 전송되지 않으므로 주의하시기 바랍니다.
- 답안 작성 중에도 **주기적으로 저장하고, '답안 전송'**하여야 문제 발생을 줄일 수 있습니다. 작업한 내용을 저장하지 않고 전송할 경우 이전에 저장된 내용이 전송되오니 이점 유의하시기 바랍니다.
- 답안문서는 지정된 경로 외의 다른 보조기억장치에 저장하는 경우, 지정된 시험 시간 외에 작성된 파일을 활용할 경우, 기타 통신수단(이메일, 메신저, 네트워크 등)을 이용하여 타인에게 전달 또는 외부 반출하는 경우는 부정 처리합니다.
- 시험 중 부주의 또는 고의로 시스템을 파손한 경우는 수험자가 변상해야 하며, 〈수험자 유의사항〉에 기재된 방법대로 이행하지 않아 생기는 불이익은 수험생 당사자의 책임임을 알려 드립니다.
- 문제의 조건은 MS오피스 2016 버전으로 설정되어 있으니 유의하시기 바랍니다.
- 시험을 완료한 수험자는 답안파일이 전송되었는지 확인한 후 감독위원의 지시에 따라 문제지를 제출하고 퇴실합니다.

답안 작성요령

- 온라인 답안 작성 절차

  수험자 등록 ⇒ 시험 시작 ⇒ 답안파일 저장 ⇒ 답안 전송 ⇒ 시험 종료
- 슬라이드의 크기는 A4 Paper로 설정하여 작성합니다.
- 슬라이드의 총 개수는 6개로 구성되어 있으며 슬라이드 1부터 순서대로 작업하고 반드시 문제와 세부 조건대로 합니다.
- 별도의 지시사항이 없는 경우 출력형태를 참조하여 글꼴색은 검정 또는 흰색으로 작성하고, 기타사항은 전체적인 균형을 고려하여 작성합니다.
- 슬라이드 도형 및 개체에 출력형태와 다른 스타일 (그림자 , 외곽선 등)을 적용했을 경우 감점처리 됩니다.
- 슬라이드 번호를 작성합니다(슬라이드 1에는 생략).
- 2~6번 슬라이드 제목 도형과 하단 로고는 슬라이드 마스터를 이용하여 출력형태와 동일하게 작성합니다(슬라이드 1에는 생략).
- 문제와 세부조건, 세부조건 번호 ◯ (점선원)는 입력하지 않습니다.
- 각 개체의 위치는 오른쪽의 슬라이드와 동일하게 구성합니다.
- 그림 삽입 문제의 경우 반드시 「내 PC₩문서₩ITQ₩Picture」 폴더에서 정확한 파일을 선택하여 삽입하십시오.
- 각 슬라이드를 각각의 파일로 작업해서 저장할 경우 실격 처리됩니다.

kpc The Insight KPC
한국생산성본부

(1) 슬라이드 크기 및 순서 : 크기를 A4 용지로 설정하고 슬라이드 순서에 맞게 작성한다.

(2) 슬라이드 마스터 : 2~6슬라이드의 제목, 하단 로고, 슬라이드 번호는 슬라이드 마스터를 이용하여 작성한다.

 – 제목 글꼴(돋움, 40pt, 흰색), 가운데 맞춤, 도형(선 없음)

 – 하단 로고(「내 PC₩문서₩ITQ₩Picture₩로고2.jpg」, 배경(회색) 투명색으로 설정)

슬라이드 1 　표지 디자인

(40점)

(1) 표지 디자인 : 도형, 워드아트 및 그림을 이용하여 작성한다.

세부조건

① 도형 편집
 – 도형에 그림 채우기 :
 「내 PC₩문서₩ITQ₩Picture₩
 그림2.jpg」, 투명도 30%
 – 도형 효과 :
 (부드러운 가장자리 10포인트)

② 워드아트 삽입
 – 변환 : 갈매기형 수장
 – 글꼴 : 돋움, 굵게
 – 텍스트 반사 : 전체 반사,
 8 pt 오프셋

③ 그림 삽입
 – 「내 PC₩문서₩ITQ₩Picture₩
 로고2.jpg」
 – 배경(회색) 투명색으로 설정

슬라이드 2 　목차 슬라이드

(60점)

(1) 출력형태와 같이 도형을 이용하여 목차를 작성한다(글꼴 : 굴림, 24pt).

(2) 도형 : 선 없음

세부조건

① 텍스트에 하이퍼링크 적용
 –> '슬라이드 4'

② 그림 삽입
 – 「내 PC₩문서₩ITQ₩Picture₩
 그림5.jpg」
 – 자르기 기능 이용

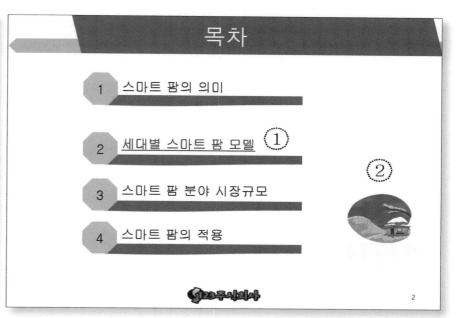

(60점)

(1) 텍스트 작성 : 글머리 기호 사용(❖, ■)
　　❖문단(굴림, 24pt, 굵게, 줄간격 : 1.5줄), ■문단(굴림, 20pt, 줄간격 : 1.5줄)

세부조건

① 동영상 삽입 :
　– 「내 PC₩문서₩ITQ₩Picture₩
　　동영상.wmv」
　– 자동실행, 반복재생 설정

1.스마트 팜의 의미

❖ **What is Smart Farming?**
　■ Smart Farming represents the application of modern Information and Communication Technologies (ICT) into agriculture, leading to what can be called a Third Green Revolution

❖ **스마트 팜 운영원리**
　■ 온실 및 축사 내 온도, 습도, CO_2수준 등 생육조건 설정
　■ 환경정보 모니터링(온도, 습도, 일사량, CO_2, 생육환경 등 자동수집)
　■ 자동 원격 환경관리(냉/난방기 구동, 창문 개폐, CO_2, 사료 공급 등)

123주식회사　3

(80점)

(1) 도형과 표 작성 기능을 이용하여 슬라이드를 작성한다(글꼴 : 돋움, 18pt).

세부조건

① 상단 도형 :
　2개 도형의 조합으로 작성

② 좌측 도형 :
　그라데이션 효과(선형 아래쪽)

③ 표 스타일 :
　테마 스타일 1 – 강조 3

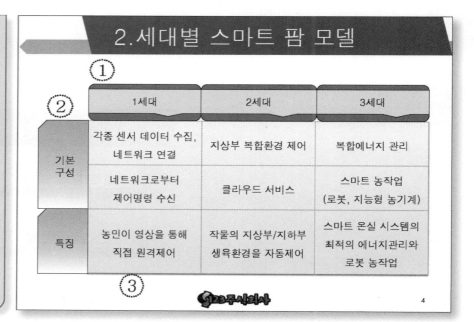

2.세대별 스마트 팜 모델

	1세대	2세대	3세대
기본 구성	각종 센서 데이터 수집, 네트워크 연결	지상부 복합환경 제어	복합에너지 관리
	네트워크로부터 제어명령 수신	클라우드 서비스	스마트 농작업 (로봇, 지능형 농기계)
특징	농민이 영상을 통해 직접 원격제어	작물의 지상부/지하부 생육환경을 자동제어	스마트 온실 시스템의 최적의 에너지관리와 로봇 농작업

123주식회사　4

154 ·

(1) 차트 작성 기능을 이용하여 슬라이드를 작성한다.

(2) 차트 : 종류(묶은 세로 막대형), 글꼴(돋움, 16pt), 외곽선

세부조건

※ 차트설명
- 차트제목 : 궁서, 24pt, 굵게,
  채우기(흰색), 테두리,
  그림자(오프셋 왼쪽)
- 차트영역 : 채우기(노랑)
  그림영역 : 채우기(흰색)
- 데이터 서식 : 국내시장(억 원) 계열을 표식이 있는 꺾은선형으로 변경 후 보조축으로 지정
- 값 표시 : 2020년의 국내시장(억 원) 계열만

① 도형 삽입
- 스타일 :
  색 채우기 – 파랑, 강조1
- 글꼴 : 돋움, 18pt

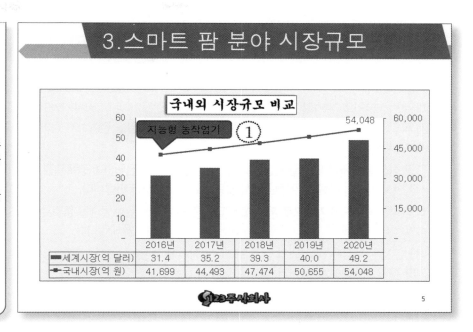

슬라이드 6　　**도형 슬라이드**　　(100 점)

(1) 슬라이드와 같이 도형 및 스마트아트를 배치한다(글꼴 : 굴림, 18pt).

(2) 애니메이션 순서 : ① ⇒ ②

세부조건

① 도형 및 스마트아트 편집
- 스마트아트 디자인
  : 3차원 경사, 3차원 만화
- 그룹화 후 애니메이션 효과
  : 흔들기

② 도형 편집
- 그룹화 후 애니메이션 효과
  : 실선 무늬(세로)

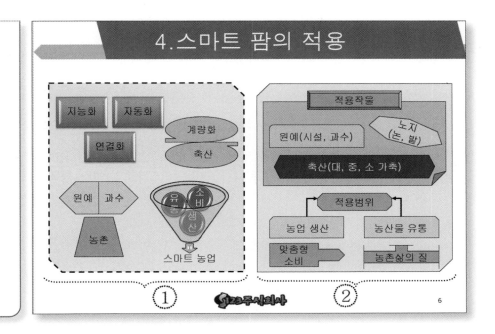

제2회 정보기술자격(ITQ) 시험

과 목	코 드	문제유형	시험시간	수험번호	성 명
한글파워포인트	1142	B	60분		

수험자 유의사항

- 수험자는 문제지를 받는 즉시 문제지와 **수험표상의 시험과목(프로그램)이 동일한지 반드시 확인**하여야 합니다.
- 파일명은 본인의 "수험번호–성명"으로 입력하여 답안폴더(내 PC₩문서₩ITQ)에 하나의 파일로 저장해야 하며, 답안문서 파일명이 "수험번호–성명"과 일치하지 않거나, 답안파일을 전송하지 않아 미제출로 처리될 경우 실격 처리합니다 (예:12345678–홍길동.pptx).
- 답안 작성을 마치면 파일을 저장하고, '답안 전송' 버튼을 선택하여 감독위원 PC로 답안을 전송하십시오. 수험생 정보와 저장한 파일명이 다를 경우 전송되지 않으므로 주의하시기 바랍니다.
- 답안 작성 중에도 **주기적으로 저장하고, '답안 전송'**하여야 문제 발생을 줄일 수 있습니다. 작업한 내용을 저장하지 않고 전송할 경우 이전에 저장된 내용이 전송되오니 이점 유의하시기 바랍니다.
- 답안문서는 지정된 경로 외의 다른 보조기억장치에 저장하는 경우, 지정된 시험 시간 외에 작성된 파일을 활용할 경우, 기타 통신수단(이메일, 메신저, 네트워크 등)을 이용하여 타인에게 전달 또는 외부 반출하는 경우는 부정 처리합니다.
- 시험 중 부주의 또는 고의로 시스템을 파손한 경우는 수험자가 변상해야 하며, 〈수험자 유의사항〉에 기재된 방법대로 이행하지 않아 생기는 불이익은 수험생 당사자의 책임임을 알려 드립니다.
- 문제의 조건은 MS오피스 2016 버전으로 설정되어 있으니 유의하시기 바랍니다.
- 시험을 완료한 수험자는 답안파일이 전송되었는지 확인한 후 감독위원의 지시에 따라 문제지를 제출하고 퇴실합니다.

답안 작성요령

- 온라인 답안 작성 절차

  수험자 등록 ⇒ 시험 시작 ⇒ 답안파일 저장 ⇒ 답안 전송 ⇒ 시험 종료
- 슬라이드의 크기는 A4 Paper로 설정하여 작성합니다.
- 슬라이드의 총 개수는 6개로 구성되어 있으며 슬라이드 1부터 순서대로 작업하고 반드시 문제와 세부 조건대로 합니다.
- 별도의 지시사항이 없는 경우 출력형태를 참조하여 글꼴색은 검정 또는 흰색으로 작성하고, 기타사항은 전체적인 균형을 고려하여 작성합니다.
- 슬라이드 도형 및 개체에 출력형태와 다른 스타일 (그림자 , 외곽선 등)을 적용했을 경우 감점처리 됩니다.
- 슬라이드 번호를 작성합니다(슬라이드 1에는 생략).
- 2~6번 슬라이드 제목 도형과 하단 로고는 슬라이드 마스터를 이용하여 출력형태와 동일하게 작성합니다(슬라이드 1에는 생략).
- 문제와 세부조건, 세부조건 번호 ◌(점선원)는 입력하지 않습니다.
- 각 개체의 위치는 오른쪽의 슬라이드와 동일하게 구성합니다.
- 그림 삽입 문제의 경우 반드시 「내 PC₩문서₩ITQ₩Picture」 폴더에서 정확한 파일을 선택하여 삽입하십시오.
- 각 슬라이드를 각각의 파일로 작업해서 저장할 경우 실격 처리됩니다.

The Insight KPC
kpc 한국생산성본부

(1) 슬라이드 크기 및 순서 : 크기를 A4 용지로 설정하고 슬라이드 순서에 맞게 작성한다.

(2) 슬라이드 마스터 : 2~6슬라이드의 제목, 하단 로고, 슬라이드 번호는 슬라이드 마스터를 이용하여 작성한다.
  – 제목 글꼴(굴림, 40pt, 흰색), 가운데 맞춤, 도형(선 없음)
  – 하단 로고(「내 PC\문서\ITQ\Picture\로고1.jpg」, 배경(회색) 투명색으로 설정)

슬라이드 1   표지 디자인

60
점

(1) 표지 디자인 : 도형, 워드아트 및 그림을 이용하여 작성한다.

세부조건

① 도형 편집
  – 도형에 그림 채우기 :
  「내 PC\문서\ITQ\Picture\
  그림2.jpg」, 투명도 50%
  – 도형 효과 :
  (부드러운 가장자리 5포인트)

② 워드아트 삽입
  – 변환 : 휘어 내려가기
  – 글꼴 : 돋움, 굵게
  – 텍스트 반사 : 전체 반사,
  8 pt 오프셋

③ 그림 삽입
  –「내 PC\문서\ITQ\Picture\
  로고2.jpg」
  – 배경(회색) 투명색으로 설정

슬라이드 2   목차 슬라이드

60
점

(1) 출력형태와 같이 도형을 이용하여 목차를 작성한다(글꼴 : 굴림, 24pt).

(2) 도형 : 선 없음

세부조건

① 텍스트에 하이퍼링크 적용
  –> '슬라이드 4'

② 그림 삽입
  –「내 PC\문서\ITQ\Picture\
  그림5.jpg」
  – 자르기 기능 이용

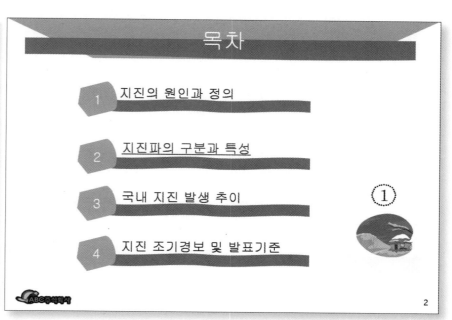

(1) 텍스트 작성 : 글머리 기호 사용(❖, ▪)

　　❖ 문단(굴림, 24pt, 굵게, 줄간격 : 1.5줄), ▪ 문단(굴림, 20pt, 줄간격 : 1.5줄)

세부조건

① 동영상 삽입 :
- 『내 PC\문서\ITQ\Picture\동영상.wmv』
- 자동실행, 반복재생 설정

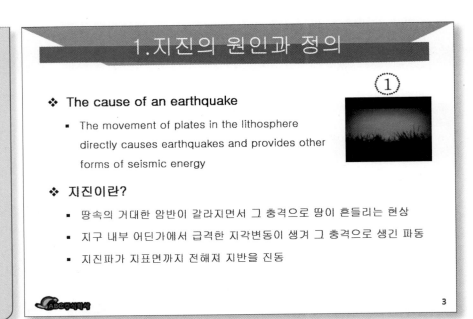

1.지진의 원인과 정의

①

❖ **The cause of an earthquake**
- ▪ The movement of plates in the lithosphere directly causes earthquakes and provides other forms of seismic energy

❖ **지진이란?**
- ▪ 땅속의 거대한 암반이 갈라지면서 그 충격으로 땅이 흔들리는 현상
- ▪ 지구 내부 어딘가에서 급격한 지각변동이 생겨 그 충격으로 생긴 파동
- ▪ 지진파가 지표면까지 전해져 지반을 진동

3

(1) 도형과 표 작성 기능을 이용하여 슬라이드를 작성한다(글꼴 : 돋움, 18pt).

세부조건

① 상단 도형 :
　2개 도형의 조합으로 작성

② 좌측 도형 :
　그라데이션 효과(선형 아래쪽)

③ 표 스타일 :
　테마 스타일 1 – 강조 3

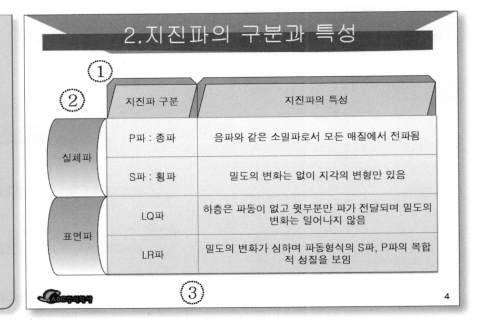

2.지진파의 구분과 특성

지진파 구분	지진파의 특성
P파 : 종파	음파와 같은 소밀파로서 모든 매질에서 전파됨
S파 : 횡파	밀도의 변화는 없이 지각의 변형만 있음
LQ파	하층은 파동이 없고 윗부분만 파가 전달되며 밀도의 변화는 일어나지 않음
LR파	밀도의 변화가 심하며 파동형식의 S파, P파의 복합적 성질을 보임

실체파 / 표면파

① ② ③

4

(1) 차트 작성 기능을 이용하여 슬라이드를 작성한다.

(2) 차트 : 종류(묶은 세로 막대형), 글꼴(돋움, 16pt), 외곽선

세부조건

※ 차트설명
- 차트제목 : 궁서, 24pt, 굵게, 채우기(흰색), 테두리, 그림자(오프셋 왼쪽)
- 차트영역 : 채우기(노랑) 그림영역 : 채우기(흰색)
- 데이터 서식 : 유감횟수 계열을 표식이 있는 꺾은선형으로 변경 후 보조축으로 지정
- 값 표시 : 2018년의 유감횟수 계열만

① 도형 삽입
  – 스타일 :
    강한 효과 – 빨강, 강조2
  – 글꼴 : 돋움, 18pt

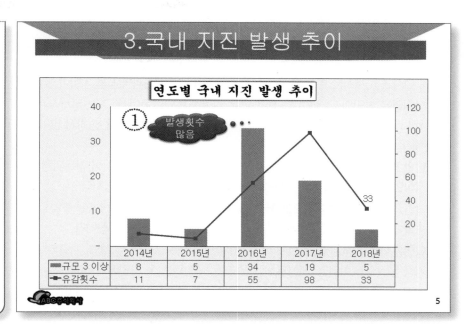

(1) 슬라이드와 같이 도형 및 스마트아트를 배치한다(글꼴 : 굴림, 18pt).

(2) 애니메이션 순서 : ① ⇒ ②

세부조건

① 도형 및 스마트아트 편집
  – 스마트아트 디자인
    : 3차원 경사, 3차원 만화
  – 그룹화 후 애니메이션 효과
    : 흔들기

② 도형 편집
  – 그룹화 후 애니메이션 효과
    : 실선 무늬(세로)

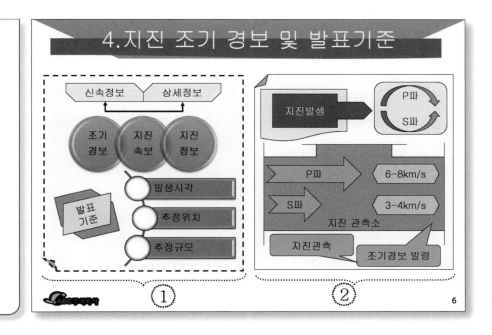

제3회 정보기술자격(ITQ) 시험

과 목	코 드	문제유형	시험시간	수험번호	성 명
한글파워포인트	1142	B	60분		

전체구성

(1) 슬라이드 크기 및 순서 : 크기를 A4 용지로 설정하고 슬라이드 순서에 맞게 작성한다.

(2) 슬라이드 마스터 : 2～6슬라이드의 제목, 하단 로고, 슬라이드 번호는 슬라이드 마스터를 이용하여 작성한다.

　　– 제목 글꼴(굴림, 40pt, 검정), 가운데 맞춤, 도형(선 없음)

　　– 하단 로고(「내 PC\문서\ITQ\Picture\로고1.jpg」, 배경(회색) 투명색으로 설정)

슬라이드 1　　표지 디자인

(1) 표지 디자인 : 도형, 워드아트 및 그림을 이용하여 작성한다.

세부조건

① 도형 편집
　– 도형에 그림 채우기 :
　「내 PC\문서\ITQ\Picture\
　그림3.jpg」, 투명도 50%
　– 도형 효과 :
　(부드러운 가장자리 5포인트)

② 워드아트 삽입
　– 변환 : 갈매기형 수장
　– 글꼴 : 돋움, 굵게
　– 텍스트 반사 : 전체 반사,
　8 pt 오프셋

③ 그림 삽입
　–「내 PC\문서\ITQ\Picture\
　로고2.jpg」
　– 배경(회색) 투명색으로 설정

슬라이드 2　　목차 슬라이드

(1) 출력형태와 같이 도형을 이용하여 목차를 작성한다(글꼴 : 굴림, 24pt).

(2) 도형 : 선 없음

세부조건

① 텍스트에 하이퍼링크 적용
　–〉'슬라이드 4'

② 그림 삽입
　–「내 PC\문서\ITQ\Picture\
　그림5.jpg」
　– 자르기 기능 이용

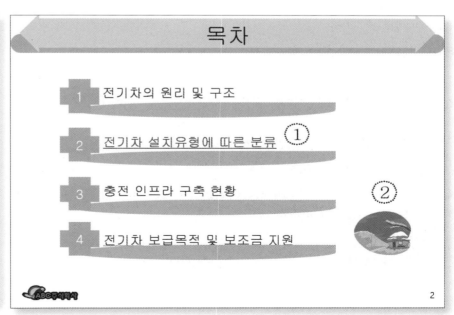

슬라이드 3 　텍스트/동영상 슬라이드 　60점

(1) 텍스트 작성 : 글머리 기호 사용(❖, ▪)

　　❖ 문단(굴림, 24pt, 굵게, 줄간격 : 1.5줄), ▪ 문단(굴림, 20pt, 줄간격 : 1.5줄)

세부조건

① 동영상 삽입 :
　– 「내 PC₩문서₩ITQ₩Picture₩ 동영상.wmv」
　– 자동실행, 반복재생 설정

1.전기차의 원리 및 구조

❖ 전기차 내부구조
　▪ 급속충전기는 충전까지 30분 정도 소요
　▪ 배터리에서 공급되는 전기에너지만을 동력원으로 전기모터를 구동
　▪ 제동 횟수가 많은 도심에서 에너지 효율성 극대화

❖ Principles of Electric Cars
　▪ Electric cars are vehicles that produce drive by supplying electric energy from high voltage batteries to electric motors

①

3

슬라이드 4 　표 슬라이드 　80점

(1) 도형과 표 작성 기능을 이용하여 슬라이드를 작성한다(글꼴 : 돋움, 18pt).

세부조건

① 상단 도형 :
　2개 도형의 조합으로 작성

② 좌측 도형 :
　그라데이션 효과(선형 아래쪽)

③ 표 스타일 :
　테마 스타일 1 – 강조 3

2.전기차 설치유형에 따른 분류

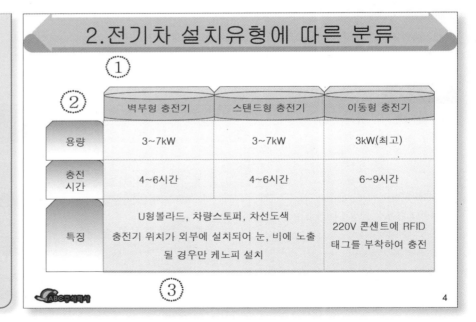

	벽부형 충전기	스탠드형 충전기	이동형 충전기
용량	3~7kW	3~7kW	3kW(최고)
충전시간	4~6시간	4~6시간	6~9시간
특징	U형볼라드, 차량스토퍼, 차선도색 충전기 위치가 외부에 설치되어 눈, 비에 노출될 경우만 케노피 설치		220V 콘센트에 RFID 태그를 부착하여 충전

4

슬라이드 5 **차트 슬라이드**

(1) 차트 작성 기능을 이용하여 슬라이드를 작성한다.

(2) 차트 : 종류(묶은 세로 막대형), 글꼴(돋움, 16pt), 외곽선

세부조건

※ 차트설명
• 차트제목 : 궁서, 24pt, 굵게,
  채우기(흰색), 테두리,
  그림자(오프셋 왼쪽)
• 차트영역 : 채우기(노랑)
  그림영역 : 채우기(흰색)
• 데이터 서식 : 2016년 계열을 표식이 있는
  꺾은선형으로 변경 후 보조축으로 지정
• 값 표시 : 전라권의 2016년 계열만

① 도형 삽입
  – 스타일 :
    미세 효과 – 황록색, 강조3
  – 글꼴 : 돋움, 18pt

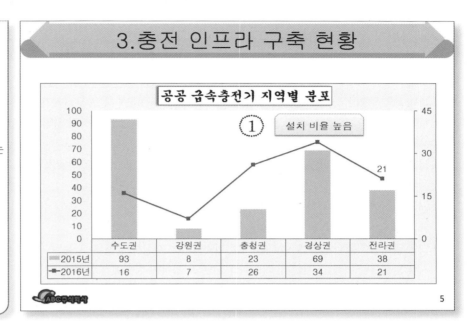

슬라이드 6 **도형 슬라이드**

(1) 슬라이드와 같이 도형 및 스마트아트를 배치한다(글꼴 : 굴림, 18pt).

(2) 애니메이션 순서 : ① ⇒ ②

세부조건

① 도형 및 스마트아트 편집
  – 스마트아트 디자인
    : 3차원 경사, 3차원 만화
  – 그룹화 후 애니메이션 효과
    : 펄스

② 도형 편집
  – 그룹화 후 애니메이션 효과
    : 실선 무늬(세로)

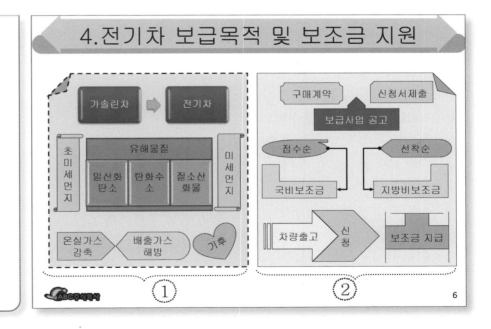

제4회 정보기술자격(ITQ) 시험

과 목	코 드	문제유형	시험시간	수험번호	성 명
한글파워포인트	1142	B	60분		

164 ·

전체구성

60점

(1) 슬라이드 크기 및 순서 : 크기를 A4 용지로 설정하고 슬라이드 순서에 맞게 작성한다.

(2) 슬라이드 마스터 : 2~6슬라이드의 제목, 하단 로고, 슬라이드 번호는 슬라이드 마스터를 이용하여 작성한다.
　　– 제목 글꼴(궁서, 40pt, 흰색), 가운데 맞춤, 도형(선 없음)
　　– 하단 로고(「내 PC₩문서₩ITQ₩Picture₩로고1.jpg」, 배경(회색) 투명색으로 설정)

슬라이드 1　　표지 디자인

60점 / 40점

(1) 표지 디자인 : 도형, 워드아트 및 그림을 이용하여 작성한다.

세부조건

① 도형 편집
　– 도형에 그림 채우기 :
　　「내 PC₩문서₩ITQ₩Picture₩
　　그림3.jpg」, 투명도 30%
　– 도형 효과 :
　　(부드러운 가장자리 5포인트)

② 워드아트 삽입
　– 변환 : 오른쪽 줄이기
　– 글꼴 : 돋움, 굵게
　– 텍스트 반사 : 1/2 반사, 터치

③ 그림 삽입
　– 「내 PC₩문서₩ITQ₩Picture₩
　　로고1.jpg」
　– 배경(회색) 투명색으로 설정

슬라이드 2　　목차 슬라이드

60점

(1) 출력형태와 같이 도형을 이용하여 목차를 작성한다(글꼴 : 굴림, 24pt).

(2) 도형 : 선 없음

세부조건

① 텍스트에 하이퍼링크 적용
　–> '슬라이드 4'

② 그림 삽입
　– 「내 PC₩문서₩ITQ₩Picture₩
　　그림5.jpg」
　– 자르기 기능 이용

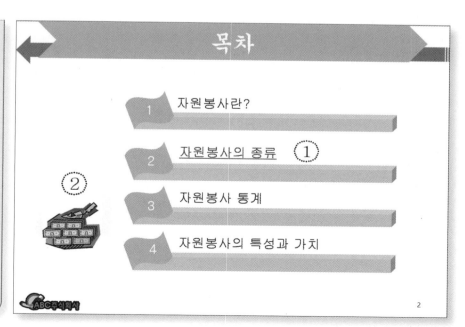

슬라이드 3 · 텍스트/동영상 슬라이드

(1) 텍스트 작성 : 글머리 기호 사용(➤, ✓)
　　➤ 문단(굴림, 24pt, 굵게, 줄간격 : 1.5줄), ✓ 문단(굴림, 20pt, 줄간격 : 1.5줄)

세부조건

① 동영상 삽입 :
　– 「내 PC₩문서₩ITQ₩Picture₩
　　동영상.wmv」
　– 자동실행, 반복재생 설정

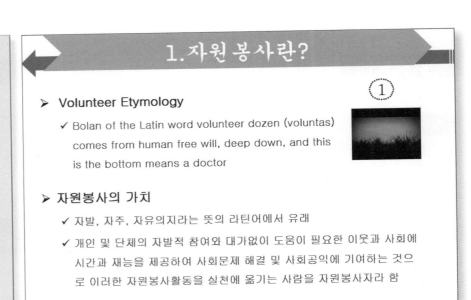

슬라이드 4 · 표 슬라이드

(1) 도형과 표 작성 기능을 이용하여 슬라이드를 작성한다(글꼴 : 돋움, 18pt).

세부조건

① 상단 도형 :
　2개 도형의 조합으로 작성

② 좌측 도형 :
　그라데이션 효과(선형 아래쪽)

③ 표 스타일 :
　테마 스타일 1 – 강조 3

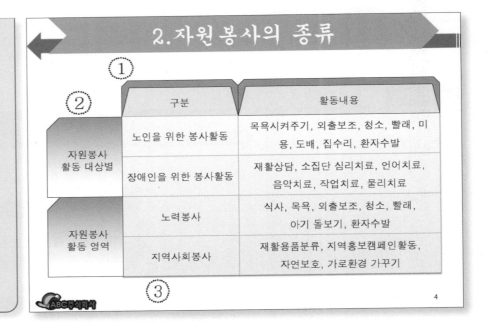

(1) 차트 작성 기능을 이용하여 슬라이드를 작성한다.

(2) 차트 : 종류(묶은 세로 막대형), 글꼴(돋움, 16pt), 외곽선

세부조건

※ 차트설명
• 차트제목 : 돋움, 24pt, 굵게,
　채우기(흰색), 테두리,
　그림자(오프셋 위쪽)
• 차트영역 : 채우기(노랑)
　그림영역 : 채우기(흰색)
• 데이터 서식 : 여 계열을 표식이 있는 꺾은
　선형으로 변경 후 보조축으로 지정
• 값 표시 : 광주의 여 계열만

① 도형 삽입
　－ 스타일 :
　　미세 효과 － 황록색, 강조3
　－ 글꼴 : 굴림, 18pt

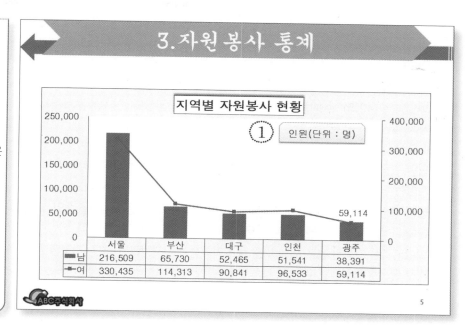

	서울	부산	대구	인천	광주
남	216,509	65,730	52,465	51,541	38,391
여	330,435	114,313	90,841	96,533	59,114

(1) 슬라이드와 같이 도형 및 스마트아트를 배치한다(글꼴 : 굴림, 18pt).

(2) 애니메이션 순서 : ① ⇒ ②

세부조건

① 도형 및 스마트아트 편집
　－ 스마트아트 디자인
　　: 3차원 광택 처리, 3차원 벽돌

　－ 그룹화 후 애니메이션 효과
　　: 바운드

② 도형 편집
　－ 그룹화 후 애니메이션 효과
　　: 닦아내기(왼쪽에서)

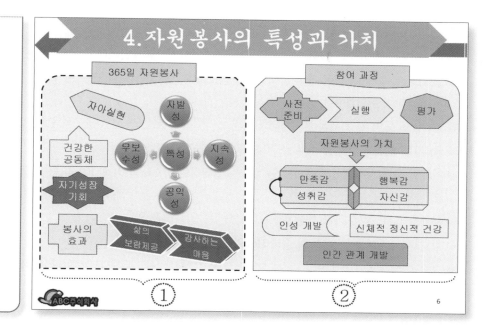

제5회 정보기술자격(ITQ) 시험

과 목	코 드	문제유형	시험시간	수험번호	성 명
한글파워포인트	1142	B	60분		

수험자 유의사항

- 수험자는 문제지를 받는 즉시 문제지와 **수험표상의 시험과목(프로그램)이 동일한지 반드시 확인**하여야 합니다.
- 파일명은 본인의 "수험번호-성명"으로 입력하여 답안폴더(내 PC₩문서₩ITQ)에 하나의 파일로 저장해야 하며, 답안문서 파일명이 "수험번호-성명"과 일치하지 않거나, 답안파일을 전송하지 않아 미제출로 처리될 경우 실격 처리합니다 (예:12345678-홍길동.pptx).
- 답안 작성을 마치면 파일을 저장하고, '답안 전송' 버튼을 선택하여 감독위원 PC로 답안을 전송하십시오. 수험생 정보와 저장한 파일명이 다를 경우 전송되지 않으므로 주의하시기 바랍니다.
- 답안 작성 중에도 **주기적으로 저장하고, '답안 전송'**하여야 문제 발생을 줄일 수 있습니다. 작업한 내용을 저장하지 않고 전송할 경우 이전에 저장된 내용이 전송되오니 이점 유의하시기 바랍니다.
- 답안문서는 지정된 경로 외의 다른 보조기억장치에 저장하는 경우, 지정된 시험 시간 외에 작성된 파일을 활용할 경우, 기타 통신수단(이메일, 메신저, 네트워크 등)을 이용하여 타인에게 전달 또는 외부 반출하는 경우는 부정 처리합니다.
- 시험 중 부주의 또는 고의로 시스템을 파손한 경우는 수험자가 변상해야 하며, 〈수험자 유의사항〉에 기재된 방법대로 이행하지 않아 생기는 불이익은 수험생 당사자의 책임임을 알려 드립니다.
- 문제의 조건은 MS오피스 2016 버전으로 설정되어 있으니 유의하시기 바랍니다.
- 시험을 완료한 수험자는 답안파일이 전송되었는지 확인한 후 감독위원의 지시에 따라 문제지를 제출하고 퇴실합니다.

답안 작성요령

- 온라인 답안 작성 절차
  수험자 등록 ⇒ 시험 시작 ⇒ 답안파일 저장 ⇒ 답안 전송 ⇒ 시험 종료
- 슬라이드의 크기는 A4 Paper로 설정하여 작성합니다.
- 슬라이드의 총 개수는 6개로 구성되어 있으며 슬라이드 1부터 순서대로 작업하고 반드시 문제와 세부 조건대로 합니다.
- 별도의 지시사항이 없는 경우 출력형태를 참조하여 글꼴색은 검정 또는 흰색으로 작성하고, 기타사항은 전체적인 균형을 고려하여 작성합니다.
- 슬라이드 도형 및 개체에 출력형태와 다른 스타일 (그림자 , 외곽선 등)을 적용했을 경우 감점처리 됩니다.
- 슬라이드 번호를 작성합니다(슬라이드 1에는 생략).
- 2~6번 슬라이드 제목 도형과 하단 로고는 슬라이드 마스터를 이용하여 출력형태와 동일하게 작성합니다(슬라이드 1에는 생략).
- 문제와 세부조건, 세부조건 번호 ○ (점선원)는 입력하지 않습니다.
- 각 개체의 위치는 오른쪽의 슬라이드와 동일하게 구성합니다.
- 그림 삽입 문제의 경우 반드시 「내 PC₩문서₩ITQ₩Picture」 폴더에서 정확한 파일을 선택하여 삽입하십시오.
- 각 슬라이드를 각각의 파일로 작업해서 저장할 경우 실격 처리됩니다.

kpc The Insight KPC 한국생산성본부

전체구성

(1) 슬라이드 크기 및 순서 : 크기를 A4 용지로 설정하고 슬라이드 순서에 맞게 작성한다.

(2) 슬라이드 마스터 : 2~6슬라이드의 제목, 하단 로고, 슬라이드 번호는 슬라이드 마스터를 이용하여 작성한다.
   - 제목 글꼴(궁서, 40pt, 검정), 가운데 맞춤, 도형(선 없음)
   - 하단 로고(「내 PC₩문서₩ITQ₩Picture₩로고1.jpg」, 배경(회색) 투명색으로 설정)

슬라이드 1   표지 디자인

(1) 표지 디자인 : 도형, 워드아트 및 그림을 이용하여 작성한다.

세부조건

① 도형 편집
   - 도형에 그림 채우기 :
     「내 PC₩문서₩ITQ₩Picture₩
     그림1.jpg」, 투명도 50%
   - 도형 효과 :
     (부드러운 가장자리 5포인트)

② 워드아트 삽입
   - 변환 : 오른쪽 줄이기
   - 글꼴 : 돋움, 굵게
   - 텍스트 반사 : 1/2 반사, 터치

③ 그림 삽입
   - 「내 PC₩문서₩ITQ₩Picture₩
     로고1.jpg」
   - 배경(회색) 투명색으로 설정

슬라이드 2   목차 슬라이드

(1) 출력형태와 같이 도형을 이용하여 목차를 작성한다(글꼴 : 굴림, 24pt).

(2) 도형 : 선 없음

세부조건

① 텍스트에 하이퍼링크 적용
   -> '슬라이드 4'

② 그림 삽입
   - 「내 PC₩문서₩ITQ₩Picture₩
     그림5.jpg」
   - 자르기 기능 이용

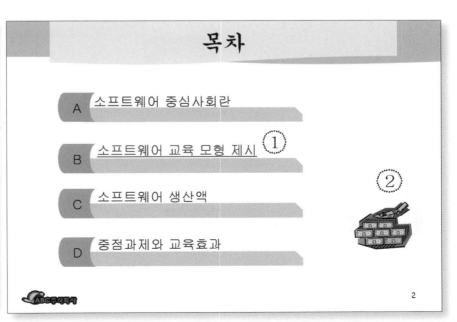

(1) 텍스트 작성 : 글머리 기호 사용(➤, ✔)

➤ 문단(굴림, 24pt, 굵게, 줄간격 : 1.5줄), ✔ 문단(굴림, 20pt, 줄간격 : 1.5줄)

세부조건

① 동영상 삽입 :
- 「내 PC₩문서₩ITQ₩Picture₩
  동영상.wmv」
- 자동실행, 반복재생 설정

A.소프트웨어 중심사회란

➤ **Software-centric society**

  ✔ They have the ability to solve a problem centered on software, but they are the ones who are interested in the problem and who are best suited to solving it

  ①

➤ **소프트웨어 중심사회**

  ✔ SW를 중심으로 사회 모든 영역에서 혁신이 일상화되고 생산성이 향상되어 더욱 안전하고 투명하며 효율적인 사회

  ✔ 문제해결을 위해 인터넷을 통해 쉽게 정보를 찾아보고, 이를 통해 서로의 시각차이를 알 수 있게 됨

  ABC중식회사   3

슬라이드 4 표 슬라이드 80점

(1) 도형과 표 작성 기능을 이용하여 슬라이드를 작성한다(글꼴 : 돋움, 18pt).

세부조건

① 상단 도형 :
  2개 도형의 조합으로 작성

② 좌측 도형 :
  그라데이션 효과(선형 아래쪽)

③ 표 스타일 :
  테마 스타일 1 - 강조 3

B.소프트웨어 교육 모형 제시

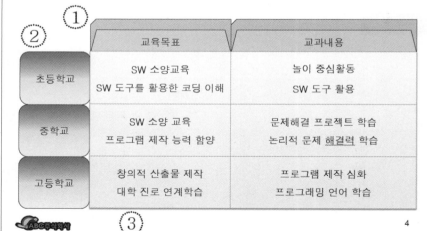

	교육목표	교과내용
초등학교	SW 소양교육 SW 도구를 활용한 코딩 이해	놀이 중심활동 SW 도구 활용
중학교	SW 소양 교육 프로그램 제작 능력 함양	문제해결 프로젝트 학습 논리적 문제 해결력 학습
고등학교	창의적 산출물 제작 대학 진로 연계학습	프로그램 제작 심화 프로그래밍 언어 학습

ABC중식회사   ③   4

(1) 차트 작성 기능을 이용하여 슬라이드를 작성한다.

(2) 차트 : 종류(묶은 세로 막대형), 글꼴(돋움, 16pt), 외곽선

세부조건

※ 차트설명
- 차트제목 : 돋움, 24pt, 굵게, 채우기(흰색), 테두리, 그림자(오프셋 위쪽)
- 차트영역 : 채우기(노랑) 그림영역 : 채우기(흰색)
- 데이터 서식 : 응용SW 계열을 표식이 있는 꺾은선형으로 변경 후 보조축으로 지정
- 값 표시 : 2018년의 시스템SW 계열만

① 도형 삽입
 - 스타일 :
   미세 효과 – 파랑, 강조1
 - 글꼴 : 굴림, 18pt

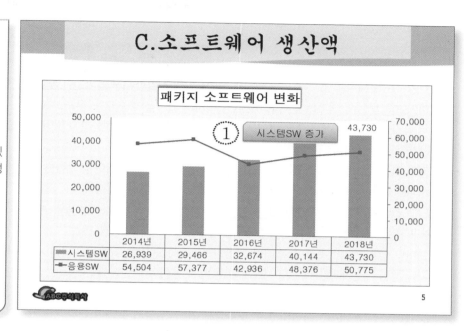

C.소프트웨어 생산액

패키지 소프트웨어 변화

	2014년	2015년	2016년	2017년	2018년
시스템SW	26,939	29,466	32,674	40,144	43,730
응용SW	54,504	57,377	42,936	48,376	50,775

ABC주식회사   5

(1) 슬라이드와 같이 도형 및 스마트아트를 배치한다(글꼴 : 굴림, 18pt).

(2) 애니메이션 순서 : ① ⇒ ②

세부조건

① 도형 및 스마트아트 편집
 - 스마트아트 디자인
   : 3차원 광택 처리, 3차원 벽돌
 - 그룹화 후 애니메이션 효과
   : 바운드

② 도형 편집
 - 그룹화 후 애니메이션 효과
   : 회전

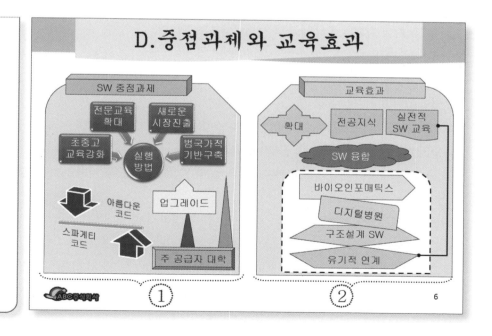

D.중점과제와 교육효과

ABC주식회사   6

제6회 정보기술자격(ITQ) 시험

과 목	코 드	문제유형	시험시간	수험번호	성 명
한글파워포인트	1142	B	60분		

수험자 유의사항

- 수험자는 문제지를 받는 즉시 문제지와 **수험표상의 시험과목(프로그램)이 동일한지 반드시 확인**하여야 합니다.
- 파일명은 본인의 "수험번호-성명"으로 입력하여 답안폴더(내 PC\문서\ITQ)에 하나의 파일로 저장해야 하며, 답안문서 파일명이 "수험번호-성명"과 일치하지 않거나, 답안파일을 전송하지 않아 미제출로 처리될 경우 실격 처리합니다 (예:12345678-홍길동.pptx).
- 답안 작성을 마치면 파일을 저장하고, '답안 전송' 버튼을 선택하여 감독위원 PC로 답안을 전송하십시오. 수험생 정보와 저장한 파일명이 다를 경우 전송되지 않으므로 주의하시기 바랍니다.
- 답안 작성 중에도 **주기적으로 저장하고, '답안 전송'**하여야 문제 발생을 줄일 수 있습니다. 작업한 내용을 저장하지 않고 전송할 경우 이전에 저장된 내용이 전송되오니 이점 유의하시기 바랍니다.
- 답안문서는 지정된 경로 외의 다른 보조기억장치에 저장하는 경우, 지정된 시험 시간 외에 작성된 파일을 활용할 경우, 기타 통신수단(이메일, 메신저, 네트워크 등)을 이용하여 타인에게 전달 또는 외부 반출하는 경우는 부정 처리합니다.
- 시험 중 부주의 또는 고의로 시스템을 파손한 경우는 수험자가 변상해야 하며, 〈수험자 유의사항〉에 기재된 방법대로 이행하지 않아 생기는 불이익은 수험생 당사자의 책임임을 알려 드립니다.
- 문제의 조건은 MS오피스 2016 버전으로 설정되어 있으니 유의하시기 바랍니다.
- 시험을 완료한 수험자는 답안파일이 전송되었는지 확인한 후 감독위원의 지시에 따라 문제지를 제출하고 퇴실합니다.

답안 작성요령

- 온라인 답안 작성 절차

  수험자 등록 ⇒ 시험 시작 ⇒ 답안파일 저장 ⇒ 답안 전송 ⇒ 시험 종료
- 슬라이드의 크기는 A4 Paper로 설정하여 작성합니다.
- 슬라이드의 총 개수는 6개로 구성되어 있으며 슬라이드 1부터 순서대로 작업하고 반드시 문제와 세부 조건대로 합니다.
- 별도의 지시사항이 없는 경우 출력형태를 참조하여 글꼴색은 검정 또는 흰색으로 작성하고, 기타사항은 전체적인 균형을 고려하여 작성합니다.
- 슬라이드 도형 및 개체에 출력형태와 다른 스타일 (그림자 , 외곽선 등)을 적용했을 경우 감점처리 됩니다.
- 슬라이드 번호를 작성합니다(슬라이드 1에는 생략).
- 2~6번 슬라이드 제목 도형과 하단 로고는 슬라이드 마스터를 이용하여 출력형태와 동일하게 작성합니다(슬라이드 1에는 생략).
- 문제와 세부조건, 세부조건 번호 ◯ (점선원)는 입력하지 않습니다.
- 각 개체의 위치는 오른쪽의 슬라이드와 동일하게 구성합니다.
- 그림 삽입 문제의 경우 반드시 「내 PC\문서\ITQ\Picture」 폴더에서 정확한 파일을 선택하여 삽입하십시오.
- 각 슬라이드를 각각의 파일로 작업해서 저장할 경우 실격 처리됩니다.

The Insight KPC
kpc 한국생산성본부

전체구성

(1) 슬라이드 크기 및 순서 : 크기를 A4 용지로 설정하고 슬라이드 순서에 맞게 작성한다.

(2) 슬라이드 마스터 : 2~6슬라이드의 제목, 하단 로고, 슬라이드 번호는 슬라이드 마스터를 이용하여 작성한다.
   - 제목 글꼴(돋움, 40pt, 흰색), 왼쪽 맞춤, 도형(선 없음)
   - 하단 로고(「내 PC₩문서₩ITQ₩Picture₩로고1.jpg」, 배경(회색) 투명색으로 설정)

슬라이드 1   표지 디자인

(1) 표지 디자인 : 도형, 워드아트 및 그림을 이용하여 작성한다.

세부조건

① 도형 편집
   - 도형에 그림 채우기 :
     「내 PC₩문서₩ITQ₩Picture₩
     그림1.jpg」, 투명도 50%
   - 도형 효과 :
     (부드러운 가장자리 5포인트)

② 워드아트 삽입
   - 변환 : 오른쪽 줄이기
   - 글꼴 : 돋움, 굵게
   - 텍스트 반사 : 1/2 반사, 터치

③ 그림 삽입
   - 「내 PC₩문서₩ITQ₩Picture₩
     로고1.jpg」
   - 배경(회색) 투명색으로 설정

슬라이드 2   목차 슬라이드

(1) 출력형태와 같이 도형을 이용하여 목차를 작성한다(글꼴 : 굴림, 24pt).

(2) 도형 : 선 없음

세부조건

① 텍스트에 하이퍼링크 적용
   → '슬라이드 4'

② 그림 삽입
   - 「내 PC₩문서₩ITQ₩Picture₩
     그림5.jpg」
   - 자르기 기능 이용

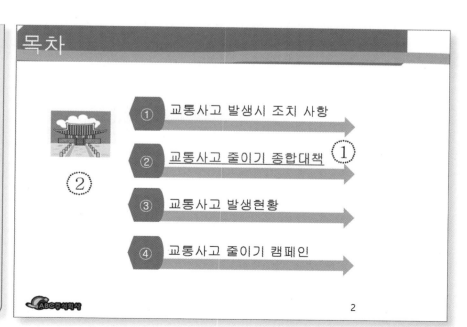

(1) 텍스트 작성 : 글머리 기호 사용(➢, ✓)

　➢ 문단(굴림, 24pt, 굵게, 줄간격 : 1.5줄), ✓ 문단(굴림, 20pt, 줄간격 : 1.5줄)

세부조건

① 동영상 삽입 :
  – 「내 PC\문서\ITQ\Picture\
    동영상.wmv」
  – 자동실행, 반복재생 설정

---

① 교통사고 발생시 조치 사항

➢ **Traffic accident**

  ✓ Accidents caused by traffic are subject to the
    special cases of the traffic accident handling act
    regardless of the place

➢ **피해자 구호조치**

  ✓ 교통사고가 발생한 경우에는 그 차의 운전자나 그 밖의 승무원은 즉시
    정차하여 조치

  ✓ 사상자를 구호하는 등 필요한 조치 및 피해자에게 인적 사항 제공

ABC종식회사　　　　　　　3

---

(1) 도형과 표 작성 기능을 이용하여 슬라이드를 작성한다(글꼴 : 돋움, 18pt).

세부조건

① 상단 도형 :
  2개 도형의 조합으로 작성

② 좌측 도형 :
  그라데이션 효과(선형 아래쪽)

③ 표 스타일 :
  테마 스타일 1 – 강조 3

---

② 교통사고 줄이기 종합대책

	5대분야	정책과제
개인	교통약자	어르신, 어린이 교통사고 방지 안전한 보행환경 구축
개인	사업용차량	택시, 화물, 버스 교통사고 줄이기
기관	응급대응	현장 응급대응 체계 강화 도로별 응급대응 지원시설 도입
기관	도로교통	교통안전, 교통사고 관련 시설 개선
기관	교통문화	교통안전 맞춤형 교육강화 교통안전 문화확산

ABC종식회사　　　　③　　　　4

(1) 차트 작성 기능을 이용하여 슬라이드를 작성한다.

(2) 차트 : 종류(묶은 세로 막대형), 글꼴(돋움, 16pt), 외곽선

세부조건

※ 차트설명
- 차트제목 : 돋움, 24pt, 굵게,
  채우기(흰색), 테두리,
  그림자(오프셋 위쪽)
- 차트영역 : 채우기(노랑)
  그림영역 : 채우기(흰색)
- 데이터 서식 : 사망자수 계열을 표식이 있
  는 꺾은선형으로 변경 후 보조축으로 지정
- 값 표시 : 2018년의 사망자수 계열만

① 도형 삽입
　- 스타일 :
　　미세 효과 - 주황, 강조6
　- 글꼴 : 굴림, 18pt

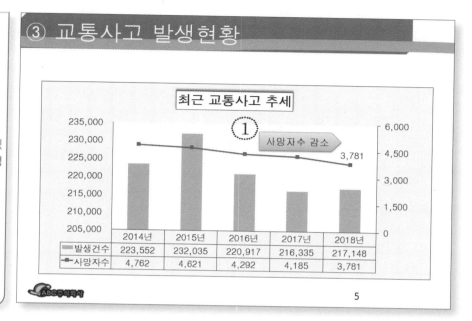

슬라이드 6　　　**도형 슬라이드**　　　（100점）

(1) 슬라이드와 같이 도형 및 스마트아트를 배치한다(글꼴 : 굴림, 18pt).

(2) 애니메이션 순서 : ① ⇒ ②

세부조건

① 도형 및 스마트아트 편집
　- 스마트아트 디자인
　　: 3차원 광택 처리, 3차원 벽돌
　- 그룹화 후 애니메이션 효과
　　: 시계 방향 회전(살 1개)

② 도형 편집
　- 그룹화 후 애니메이션 효과
　　: 닦아내기(왼쪽에서)

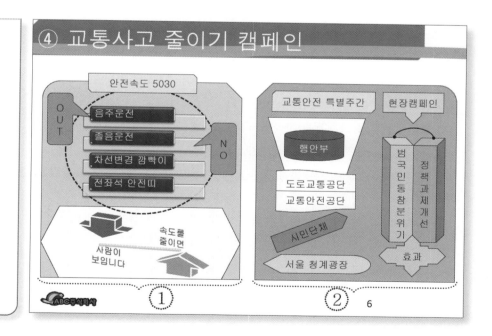

제7회 정보기술자격(ITQ) 시험

과 목	코 드	문제유형	시험시간	수험번호	성 명
한글파워포인트	1142	B	60분		

(1) 슬라이드 크기 및 순서 : 크기를 A4 용지로 설정하고 슬라이드 순서에 맞게 작성한다.

(2) 슬라이드 마스터 : 2~6슬라이드의 제목, 하단 로고, 슬라이드 번호는 슬라이드 마스터를 이용하여 작성한다.
  - 제목 글꼴(돋움, 40pt, 흰색), 가운데 맞춤, 도형(선 없음)
  - 하단 로고(「내 PC\문서\ITQ\Picture\로고1.jpg」, 배경(회색) 투명색으로 설정)

슬라이드 1　　표지 디자인 ④⓪점

(1) 표지 디자인 : 도형, 워드아트 및 그림을 이용하여 작성한다.

세부조건

① 도형 편집
  - 도형에 그림 채우기 :
    「내 PC\문서\ITQ\Picture\
    그림3.jpg」, 투명도 50%
  - 도형 효과 :
    (부드러운 가장자리 5포인트)

② 워드아트 삽입
  - 변환 : 갈매기형 수장
  - 글꼴 : 돋움, 굵게
  - 텍스트 반사 : 1/2 반사, 터치

③ 그림 삽입
  - 「내 PC\문서\ITQ\Picture\
    로고1.jpg」
  - 배경(회색) 투명색으로 설정

슬라이드 2　　목차 슬라이드 ⑥⓪점

(1) 출력형태와 같이 도형을 이용하여 목차를 작성한다(글꼴 : 굴림, 24pt).

(2) 도형 : 선 없음

세부조건

① 텍스트에 하이퍼링크 적용
  -> '슬라이드 5'

② 그림 삽입
  - 「내 PC\문서\ITQ\Picture\
    그림5.jpg」
  - 자르기 기능 이용

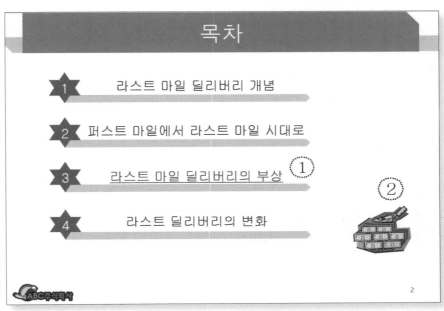

(1) 텍스트 작성 : 글머리 기호 사용(➢, ✔)
   ➢ 문단(굴림, 24pt, 굵게, 줄간격 : 1.5줄), ✔ 문단(굴림, 20pt, 줄간격 : 1.5줄)

세부조건

① 동영상 삽입 :
   – 「내 PC₩문서₩ITQ₩Picture₩
     동영상.wmv」
   – 자동실행, 반복재생 설정

1.라스트 마일 딜리버리 개념

➢ **Last Mile Delivery**
   ✔ All elements used to convey goods to their destination
   ✔ In order to save logistics freight costs from courier companies, distributors have to order products and ship them to consumers.

➢ **라스트 마일 딜리버리**
   ✔ 상품이 목적지까지 전달되기 위해 사용되는 모든 요소들로 택배업체에서 물류 운송비용을 절약하기 위한 기술적 방안으로 최근에는 유통업체가 제품을 주문 받아 소비자들에게 배송하는 것까지 포함

ABC주식회사   3

---

(1) 도형과 표 작성 기능을 이용하여 슬라이드를 작성한다(글꼴 : 돋움, 18pt).

세부조건

① 상단 도형 :
   2개 도형의 조합으로 작성

② 좌측 도형 :
   그라데이션 효과(선형 아래쪽)

③ 표 스타일 :
   테마 스타일 1 – 강조 3

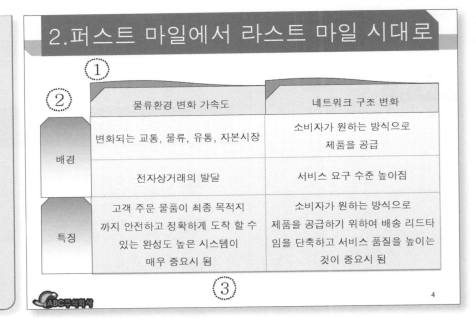

2.퍼스트 마일에서 라스트 마일 시대로

	물류환경 변화 가속도	네트워크 구조 변화
배경	변화되는 교통, 물류, 유통, 자본시장	소비자가 원하는 방식으로 제품을 공급
	전자상거래의 발달	서비스 요구 수준 높아짐
특징	고객 주문 물품이 최종 목적지까지 안전하고 정확하게 도착 할 수 있는 완성도 높은 시스템이 매우 중요시 됨	소비자가 원하는 방식으로 제품을 공급하기 위하여 배송 리드타임을 단축하고 서비스 품질을 높이는 것이 중요시 됨

ABC주식회사   4

(1) 차트 작성 기능을 이용하여 슬라이드를 작성한다.

(2) 차트 : 종류(묶은 세로 막대형), 글꼴(돋움, 16pt), 외곽선

세부조건

※ 차트설명
• 차트제목 : 궁서, 24pt, 굵게,
　채우기(흰색), 테두리,
　그림자(오프셋 위쪽)
• 차트영역 : 채우기(노랑)
　그림영역 : 채우기(흰색)
• 데이터 서식 : 모바일 계열을 표식이 있는
　꺾은선형으로 변경 후 보조축으로 지정
• 값 표시 : 2017년의 모바일 계열만

① 도형 삽입
　– 스타일 :
　　미세 효과 – 파랑, 강조1
　– 글꼴 : 굴림, 18pt

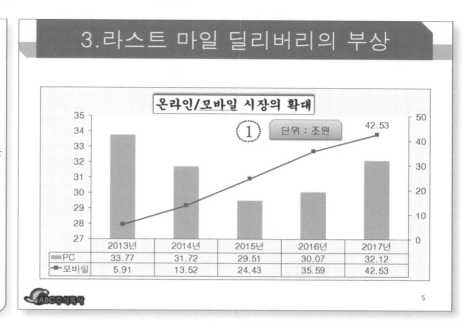

---

(1) 슬라이드와 같이 도형 및 스마트아트를 배치한다(글꼴 : 굴림, 18pt).

(2) 애니메이션 순서 : ① ⇒ ②

세부조건

① 도형 및 스마트아트 편집
　– 스마트아트 디자인
　　: 3차원 광택 처리, 3차원 경사
　– 그룹화 후 애니메이션 효과
　　: 밝기 변화

② 도형 편집
　– 그룹화 후 애니메이션 효과
　　: 날아오기(오른쪽에서)

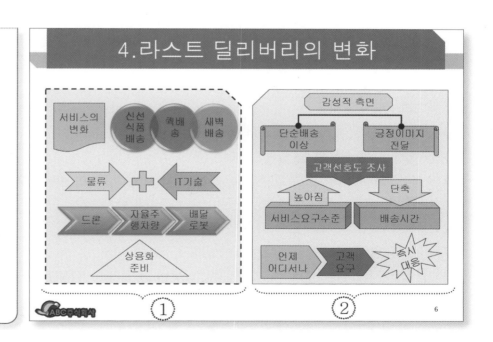

제8회 정보기술자격(ITQ) 시험

과 목	코 드	문제유형	시험시간	수험번호	성 명
한글파워포인트	1142	B	60분		

수험자 유의사항

● 수험자는 문제지를 받는 즉시 문제지와 **수험표상의 시험과목(프로그램)이 동일한지 반드시 확인**하여야 합니다.

● 파일명은 본인의 "수험번호–성명"으로 입력하여 답안폴더(내 PC₩문서₩ITQ)에 하나의 파일로 저장해야 하며, 답안문서 파일명이 "수험번호–성명"과 일치하지 않거나, 답안파일을 전송하지 않아 미제출로 처리될 경우 실격 처리합니다 (예:12345678–홍길동.pptx).

● 답안 작성을 마치면 파일을 저장하고, '답안 전송' 버튼을 선택하여 감독위원 PC로 답안을 전송하십시오. 수험생 정보와 저장한 파일명이 다를 경우 전송되지 않으므로 주의하시기 바랍니다.

● 답안 작성 중에도 **주기적으로 저장하고, '답안 전송'**하여야 문제 발생을 줄일 수 있습니다. 작업한 내용을 저장하지 않고 전송할 경우 이전에 저장된 내용이 전송되오니 이점 유의하시기 바랍니다.

● 답안문서는 지정된 경로 외의 다른 보조기억장치에 저장하는 경우, 지정된 시험 시간 외에 작성된 파일을 활용할 경우, 기타 통신수단(이메일, 메신저, 네트워크 등)을 이용하여 타인에게 전달 또는 외부 반출하는 경우는 부정 처리합니다.

● 시험 중 부주의 또는 고의로 시스템을 파손한 경우는 수험자가 변상해야 하며, 〈수험자 유의사항〉에 기재된 방법대로 이행하지 않아 생기는 불이익은 수험생 당사자의 책임임을 알려 드립니다.

● 문제의 조건은 MS오피스 2016 버전으로 설정되어 있으니 유의하시기 바랍니다.

● 시험을 완료한 수험자는 답안파일이 전송되었는지 확인한 후 감독위원의 지시에 따라 문제지를 제출하고 퇴실합니다.

답안 작성요령

● 온라인 답안 작성 절차

　　수험자 등록 ⇒ 시험 시작 ⇒ 답안파일 저장 ⇒ 답안 전송 ⇒ 시험 종료

● 슬라이드의 크기는 A4 Paper로 설정하여 작성합니다.

● 슬라이드의 총 개수는 6개로 구성되어 있으며 슬라이드 1부터 순서대로 작업하고 반드시 문제와 세부 조건대로 합니다.

● 별도의 지시사항이 없는 경우 출력형태를 참조하여 글꼴색은 검정 또는 흰색으로 작성하고, 기타사항은 전체적인 균형을 고려하여 작성합니다.

● 슬라이드 도형 및 개체에 출력형태와 다른 스타일 (그림자 , 외곽선 등)을 적용했을 경우 감점처리 됩니다.

● 슬라이드 번호를 작성합니다(슬라이드 1에는 생략).

● 2∼6번 슬라이드 제목 도형과 하단 로고는 슬라이드 마스터를 이용하여 출력형태와 동일하게 작성합니다(슬라이드 1에는 생략).

● 문제와 세부조건, 세부조건 번호 ◌(점선원)는 입력하지 않습니다.

● 각 개체의 위치는 오른쪽의 슬라이드와 동일하게 구성합니다.

● 그림 삽입 문제의 경우 반드시 「내 PC₩문서₩ITQ₩Picture」 폴더에서 정확한 파일을 선택하여 삽입하십시오.

● 각 슬라이드를 각각의 파일로 작업해서 저장할 경우 실격 처리됩니다.

The Insight KPC
kpc 한국생산성본부

전체구성

(1) 슬라이드 크기 및 순서 : 크기를 A4 용지로 설정하고 슬라이드 순서에 맞게 작성한다.

(2) 슬라이드 마스터 : 2~6슬라이드의 제목, 하단 로고, 슬라이드 번호는 슬라이드 마스터를 이용하여 작성한다.
- 제목 글꼴(돋움, 40pt, 흰색), 가운데 맞춤, 도형(선 없음)
- 하단 로고(「내 PC\문서\ITQ\Picture\로고1.jpg」, 배경(회색) 투명색으로 설정)

슬라이드 1   표지 디자인

(1) 표지 디자인 : 도형, 워드아트 및 그림을 이용하여 작성한다.

세부조건

① 도형 편집
 - 도형에 그림 채우기 :
 「내 PC\문서\ITQ\Picture\
 그림1.jpg」, 투명도 50%
 - 도형 효과 :
 (부드러운 가장자리 5포인트)

② 워드아트 삽입
 - 변환 : 물결 1
 - 글꼴 : 돋움, 굵게
 - 텍스트 반사 : 1/2 반사, 터치

③ 그림 삽입
 - 「내 PC\문서\ITQ\Picture\
 로고1.jpg」
 - 배경(회색) 투명색으로 설정

슬라이드 2   목차 슬라이드

(1) 출력형태와 같이 도형을 이용하여 목차를 작성한다(글꼴 : 굴림, 24pt).

(2) 도형 : 선 없음

세부조건

① 텍스트에 하이퍼링크 적용
 -> '슬라이드 5'

② 그림 삽입
 - 「내 PC\문서\ITQ\Picture\
 그림5.jpg」
 - 자르기 기능 이용

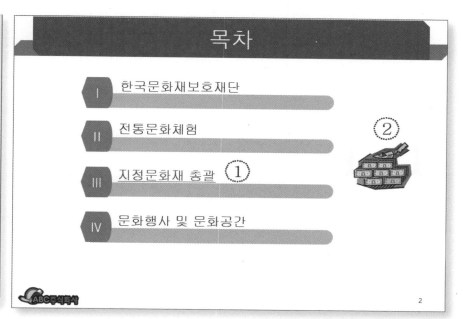

슬라이드 3 　텍스트/동영상 슬라이드 　(60점)

(1) 텍스트 작성 : 글머리 기호 사용(➤, ✔)
　➤ 문단(굴림, 24pt, 굵게, 줄간격 : 1.5줄), ✔ 문단(굴림, 20pt, 줄간격 : 1.5줄)

세부조건

① 동영상 삽입 :
　– 「내 PC\문서\ITQ\Picture\ 동영상.wmv」
　– 자동실행, 반복재생 설정

Ⅰ.한국문화재보호재단

➤ 한국문화재보호재단

✔ 우리의 문화재를 보호 및 보존하고 전통생활문화를 창조적으로 계발하여 이를 보급, 활용함으로 우수한 우리의 민족 문화를 널리 보전 및 선양함을 목적으로 함

➤ **The Traditional Ceremony Reproduction Project**

✔ Royal Guard-Changing Ceremony

✔ Cangchamui(King's morning session) in the Joseon Dynasty

✔ Royal Palace Walk

✔ Giroyeon(the ceremony to honor the aged)

3

슬라이드 4 　표 슬라이드 　(80점)

(1) 도형과 표 작성 기능을 이용하여 슬라이드를 작성한다(글꼴 : 돋움, 18pt).

세부조건

① 상단 도형 :
　2개 도형의 조합으로 작성

② 좌측 도형 :
　그라데이션 효과(선형 아래쪽)

③ 표 스타일 :
　테마 스타일 1 – 강조 3

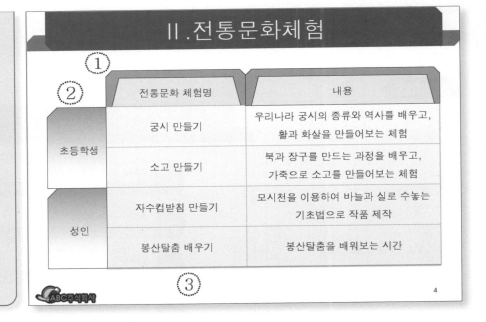

Ⅱ.전통문화체험

전통문화 체험명	내용
궁시 만들기	우리나라 궁시의 종류와 역사를 배우고, 활과 화살을 만들어보는 체험
소고 만들기	북과 장구를 만드는 과정을 배우고, 가죽으로 소고를 만들어보는 체험
자수컵받침 만들기	모시천을 이용하여 바늘과 실로 수놓는 기초법으로 작품 제작
봉산탈춤 배우기	봉산탈춤을 배워보는 시간

초등학생 / 성인

4

슬라이드 5　　**차트 슬라이드**

(1) 차트 작성 기능을 이용하여 슬라이드를 작성한다.

(2) 차트 : 종류(묶은 세로 막대형), 글꼴(돋움, 16pt), 외곽선

세부조건

※ 차트설명
• 차트제목 : 궁서, 24pt, 굵게,
　채우기(흰색), 테두리,
　그림자(오프셋 위쪽)
• 차트영역 : 채우기(노랑)
　그림영역 : 채우기(흰색)
• 데이터 서식 : 보물 계열을 표식이 있는 꺾
　은선형으로 변경 후 보조축으로 지정
• 값 표시 : 광주의 보물 계열만

① 도형 삽입
　– 스타일 :
　　보통 효과 – 황록색, 강조3
　– 글꼴 : 굴림, 18pt

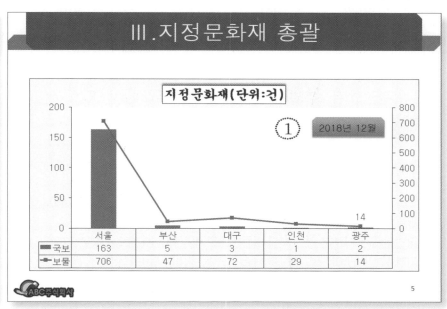

슬라이드 6　　**도형 슬라이드**

(1) 슬라이드와 같이 도형 및 스마트아트를 배치한다(글꼴 : 굴림, 18pt).

(2) 애니메이션 순서 : ① ⇒ ②

세부조건

① 도형 및 스마트아트 편집
　– 스마트아트 디자인
　　: 3차원 광택 처리, 3차원 경사
　– 그룹화 후 애니메이션 효과
　　: 밝기 변화

② 도형 편집
　– 그룹화 후 애니메이션 효과
　　: 흔들기

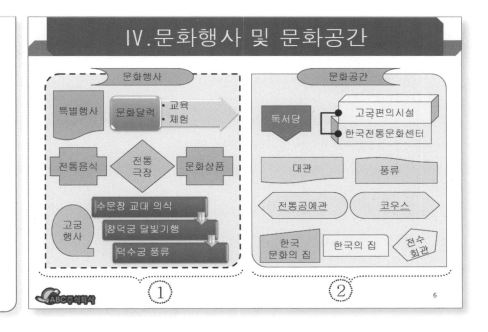

제9회 정보기술자격(ITQ) 시험

과 목	코 드	문제유형	시험시간	수험번호	성 명
한글파워포인트	1142	B	60분		

수험자 유의사항

● 수험자는 문제지를 받는 즉시 문제지와 **수험표상의 시험과목(프로그램)이 동일한지 반드시 확인**하여야 합니다.

● 파일명은 본인의 "수험번호–성명"으로 입력하여 답안폴더(내 PC₩문서₩ITQ)에 하나의 파일로 저장해야 하며, 답안문서 파일명이 "수험번호–성명"과 일치하지 않거나, 답안파일을 전송하지 않아 미제출로 처리될 경우 실격 처리합니다 (예:12345678–홍길동.pptx).

● 답안 작성을 마치면 파일을 저장하고, '답안 전송' 버튼을 선택하여 감독위원 PC로 답안을 전송하십시오. 수험생 정보와 저장한 파일명이 다를 경우 전송되지 않으므로 주의하시기 바랍니다.

● 답안 작성 중에도 **주기적으로 저장하고, '답안 전송'**하여야 문제 발생을 줄일 수 있습니다. 작업한 내용을 저장하지 않고 전송할 경우 이전에 저장된 내용이 전송되오니 이점 유의하시기 바랍니다.

● 답안문서는 지정된 경로 외의 다른 보조기억장치에 저장하는 경우, 지정된 시험 시간 외에 작성된 파일을 활용할 경우, 기타 통신수단(이메일, 메신저, 네트워크 등)을 이용하여 타인에게 전달 또는 외부 반출하는 경우는 부정 처리합니다.

● 시험 중 부주의 또는 고의로 시스템을 파손한 경우는 수험자가 변상해야 하며, 〈수험자 유의사항〉에 기재된 방법대로 이행하지 않아 생기는 불이익은 수험생 당사자의 책임임을 알려 드립니다.

● 문제의 조건은 MS오피스 2016 버전으로 설정되어 있으니 유의하시기 바랍니다.

● 시험을 완료한 수험자는 답안파일이 전송되었는지 확인한 후 감독위원의 지시에 따라 문제지를 제출하고 퇴실합니다.

답안 작성요령

● 온라인 답안 작성 절차

   수험자 등록 ⇒ 시험 시작 ⇒ 답안파일 저장 ⇒ 답안 전송 ⇒ 시험 종료

● 슬라이드의 크기는 A4 Paper로 설정하여 작성합니다.

● 슬라이드의 총 개수는 6개로 구성되어 있으며 슬라이드 1부터 순서대로 작업하고 반드시 문제와 세부 조건대로 합니다.

● 별도의 지시사항이 없는 경우 출력형태를 참조하여 글꼴색은 검정 또는 흰색으로 작성하고, 기타사항은 전체적인 균형을 고려하여 작성합니다.

● 슬라이드 도형 및 개체에 출력형태와 다른 스타일 (그림자 , 외곽선 등)을 적용했을 경우 감점처리 됩니다.

● 슬라이드 번호를 작성합니다(슬라이드 1에는 생략).

● 2~6번 슬라이드 제목 도형과 하단 로고는 슬라이드 마스터를 이용하여 출력형태와 동일하게 작성합니다(슬라이드 1에는 생략).

● 문제와 세부조건, 세부조건 번호 ◌(점선원)는 입력하지 않습니다.

● 각 개체의 위치는 오른쪽의 슬라이드와 동일하게 구성합니다.

● 그림 삽입 문제의 경우 반드시 「내 PC₩문서₩ITQ₩Picture」 폴더에서 정확한 파일을 선택하여 삽입하십시오.

● 각 슬라이드를 각각의 파일로 작업해서 저장할 경우 실격 처리됩니다.

전체구성 (60점)

(1) 슬라이드 크기 및 순서 : 크기를 A4 용지로 설정하고 슬라이드 순서에 맞게 작성한다.

(2) 슬라이드 마스터 : 2~6슬라이드의 제목, 하단 로고, 슬라이드 번호는 슬라이드 마스터를 이용하여 작성한다.
  - 제목 글꼴(돋움, 40pt, 흰색), 왼쪽 맞춤, 도형(선 없음)
  - 하단 로고(「내 PC₩문서₩ITQ₩Picture₩로고1.jpg」, 배경(회색) 투명색으로 설정)

슬라이드 1   표지 디자인 (40점)

(1) 표지 디자인 : 도형, 워드아트 및 그림을 이용하여 작성한다.

세부조건

① 도형 편집
  - 도형에 그림 채우기 :
    「내 PC₩문서₩ITQ₩Picture₩
    그림2.jpg」, 투명도 50%
  - 도형 효과 :
    (부드러운 가장자리 15포인트)

② 워드아트 삽입
  - 변환 : 역삼각형
  - 글꼴 : 돋움, 굵게
  - 텍스트 반사 : 1/2 반사, 터치

③ 그림 삽입
  - 「내 PC₩문서₩ITQ₩Picture₩
    로고1.jpg」
  - 배경(회색) 투명색으로 설정

슬라이드 2   목차 슬라이드 (60점)

(1) 출력형태와 같이 도형을 이용하여 목차를 작성한다(글꼴 : 굴림, 24pt).

(2) 도형 : 선 없음

세부조건

① 텍스트에 하이퍼링크 적용
  → '슬라이드 5'

② 그림 삽입
  - 「내 PC₩문서₩ITQ₩Picture₩
    그림5.jpg」
  - 자르기 기능 이용

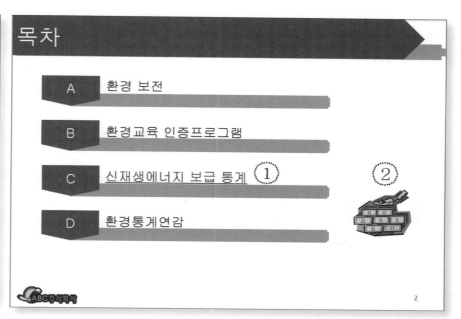

(1) 텍스트 작성 : 글머리 기호 사용(➤, ✔)

    ➤ 문단(굴림, 24pt, 굵게, 줄간격 : 1.5줄), ✔ 문단(굴림, 20pt, 줄간격 : 1.5줄)

세부조건

① 동영상 삽입 :
- 「내 PC₩문서₩ITQ₩Picture₩동영상.wmv」
- 자동실행, 반복재생 설정

A.환경 보전

➤ **Global Efforts**

    ✔ UNEP 8th special session of the governing council in korea/global ministerial meeting

    ✔ Environmental cooperation in northeast asia

    ✔ Tripartite Environment Ministers' Meeting (TEMM)

➤ **환경 보전의 의미**

    ✔ 인간이 안전하고 건강하며 미적, 문화적으로 쾌적한 생활을 영위할 수 있도록 환경 조건을 좋은 상태로 지키고 유지하며 대기, 수질 등의 환경을 오염으로부터 보호하는 것

ABC주식회사 　 3

(1) 도형과 표 작성 기능을 이용하여 슬라이드를 작성한다(글꼴 : 돋움, 18pt).

세부조건

① 상단 도형 :

    2개 도형의 조합으로 작성

② 좌측 도형 :

    그라데이션 효과(선형 아래쪽)

③ 표 스타일 :

    테마 스타일 1 – 강조 3

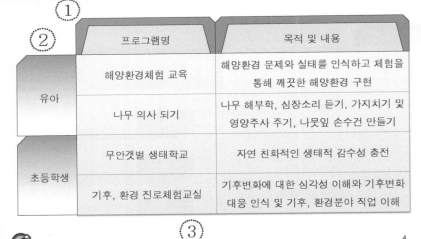

B.환경교육 인증프로그램

	프로그램명	목적 및 내용
유아	해양환경체험 교육	해양환경 문제와 실태를 인식하고 체험을 통해 깨끗한 해양환경 구현
	나무 의사 되기	나무 해부학, 심장소리 듣기, 가지치기 및 영양주사 주기, 나뭇잎 손수건 만들기
초등학생	무안갯벌 생태학교	자연 친화적인 생태적 감수성 충전
	기후, 환경 진로체험교실	기후변화에 대한 심각성 이해와 기후변화 대응 인식 및 기후, 환경분야 직업 이해

ABC주식회사 　 4

(1) 차트 작성 기능을 이용하여 슬라이드를 작성한다.

(2) 차트 : 종류(묶은 세로 막대형), 글꼴(돋움, 16pt), 외곽선

세부조건

※ 차트설명
- 차트제목 : 궁서, 24pt, 굵게, 채우기(흰색), 테두리, 그림자(오프셋 위쪽)
- 차트영역 : 채우기(노랑) 그림영역 : 채우기(흰색)
- 데이터 서식 : 발전량(GWh) 계열을 표식이 있는 꺾은선형으로 변경 후 보조축으로 지정
- 값 표시 : IGCC의 발전량(GWh) 계열만

① 도형 삽입
- 스타일 :
  보통 효과 – 바다색, 강조5
- 글꼴 : 굴림, 18pt

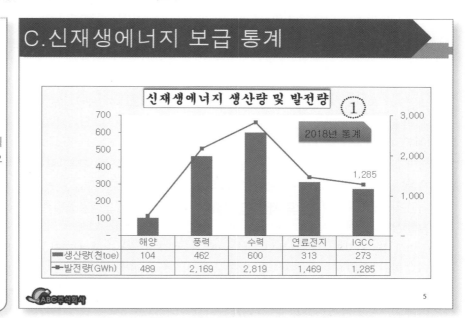

(1) 슬라이드와 같이 도형 및 스마트아트를 배치한다(글꼴 : 굴림, 18pt).

(2) 애니메이션 순서 : ① ⇒ ②

세부조건

① 도형 및 스마트아트 편집
- 스마트아트 디자인
  : 3차원 광택 처리, 3차원 경사
- 그룹화 후 애니메이션 효과
  : 밝기 변화

② 도형 편집
- 그룹화 후 애니메이션 효과
  : 날아오기(오른쪽에서)

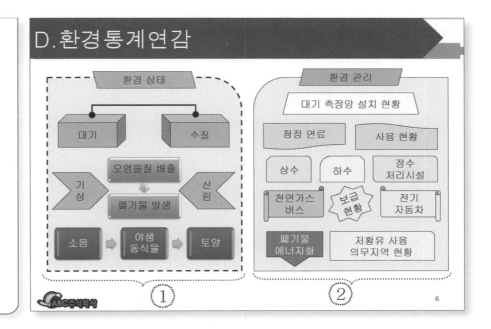

제10회 정보기술자격(ITQ) 시험

과 목	코 드	문제유형	시험시간	수험번호	성 명
한글파워포인트	1142	B	60분		

수험자 유의사항

● 수험자는 문제지를 받는 즉시 문제지와 **수험표상의 시험과목(프로그램)이 동일한지 반드시 확인**하여야 합니다.

● 파일명은 본인의 "수험번호–성명"으로 입력하여 답안폴더(내 PC₩문서₩ITQ)에 하나의 파일로 저장해야 하며, 답안문서 파일명이 "수험번호–성명"과 일치하지 않거나, 답안파일을 전송하지 않아 미제출로 처리될 경우 실격 처리합니다 (예:12345678–홍길동.pptx).

● 답안 작성을 마치면 파일을 저장하고, '답안 전송' 버튼을 선택하여 감독위원 PC로 답안을 전송하십시오. 수험생 정보와 저장한 파일명이 다를 경우 전송되지 않으므로 주의하시기 바랍니다.

● 답안 작성 중에도 **주기적으로 저장하고, '답안 전송'**하여야 문제 발생을 줄일 수 있습니다. 작업한 내용을 저장하지 않고 전송할 경우 이전에 저장된 내용이 전송되오니 이점 유의하시기 바랍니다.

● 답안문서는 지정된 경로 외의 다른 보조기억장치에 저장하는 경우, 지정된 시험 시간 외에 작성된 파일을 활용할 경우, 기타 통신수단(이메일, 메신저, 네트워크 등)을 이용하여 타인에게 전달 또는 외부 반출하는 경우는 부정 처리합니다.

● 시험 중 부주의 또는 고의로 시스템을 파손한 경우는 수험자가 변상해야 하며, 〈수험자 유의사항〉에 기재된 방법대로 이행하지 않아 생기는 불이익은 수험생 당사자의 책임임을 알려 드립니다.

● 문제의 조건은 MS오피스 2016 버전으로 설정되어 있으니 유의하시기 바랍니다.

● 시험을 완료한 수험자는 답안파일이 전송되었는지 확인한 후 감독위원의 지시에 따라 문제지를 제출하고 퇴실합니다.

답안 작성요령

● 온라인 답안 작성 절차

  수험자 등록 ⇒ 시험 시작 ⇒ 답안파일 저장 ⇒ 답안 전송 ⇒ 시험 종료

● 슬라이드의 크기는 A4 Paper로 설정하여 작성합니다.

● 슬라이드의 총 개수는 6개로 구성되어 있으며 슬라이드 1부터 순서대로 작업하고 반드시 문제와 세부 조건대로 합니다.

● 별도의 지시사항이 없는 경우 출력형태를 참조하여 글꼴색은 검정 또는 흰색으로 작성하고, 기타사항은 전체적인 균형을 고려하여 작성합니다.

● 슬라이드 도형 및 개체에 출력형태와 다른 스타일 (그림자 , 외곽선 등)을 적용했을 경우 감점처리 됩니다.

● 슬라이드 번호를 작성합니다(슬라이드 1에는 생략).

● 2~6번 슬라이드 제목 도형과 하단 로고는 슬라이드 마스터를 이용하여 출력형태와 동일하게 작성합니다(슬라이드 1에는 생략).

● 문제와 세부조건, 세부조건 번호 ◯ (점선원)는 입력하지 않습니다.

● 각 개체의 위치는 오른쪽의 슬라이드와 동일하게 구성합니다.

● 그림 삽입 문제의 경우 반드시 「내 PC₩문서₩ITQ₩Picture」 폴더에서 정확한 파일을 선택하여 삽입하십시오.

● 각 슬라이드를 각각의 파일로 작업해서 저장할 경우 실격 처리됩니다.

The Insight KPC
kpc 한국생산성본부

(1) 슬라이드 크기 및 순서 : 크기를 A4 용지로 설정하고 슬라이드 순서에 맞게 작성한다.

(2) 슬라이드 마스터 : 2~6슬라이드의 제목, 하단 로고, 슬라이드 번호는 슬라이드 마스터를 이용하여 작성한다.

　– 제목 글꼴(굴림, 40pt, 검정), 가운데 맞춤, 도형(선 없음)

　– 하단 로고(「내 PC₩문서₩ITQ₩Picture₩로고2.jpg」, 배경(회색) 투명색으로 설정)

슬라이드 1 　　표지 디자인 ④⓪점

(1) 표지 디자인 : 도형, 워드아트 및 그림을 이용하여 작성한다.

세부조건

① 도형 편집
　– 도형에 그림 채우기 :
　　「내 PC₩문서₩ITQ₩Picture₩
　　그림1.jpg」, 투명도 50%
　– 도형 효과 :
　　(부드러운 가장자리 10포인트)

② 워드아트 삽입
　– 변환 : 역삼각형
　– 글꼴 : 굴림, 굵게
　– 텍스트 반사 : 근접 반사,
　　8pt 오프셋

③ 그림 삽입
　–「내 PC₩문서₩ITQ₩Picture₩
　　로고2.jpg」
　– 배경(회색) 투명색으로 설정

슬라이드 2 　　목차 슬라이드 ⑥⓪점

(1) 출력형태와 같이 도형을 이용하여 목차를 작성한다(글꼴 : 돋움, 24pt).

(2) 도형 : 선 없음

세부조건

① 텍스트에 하이퍼링크 적용
　→ '슬라이드 3'

② 그림 삽입
　–「내 PC₩문서₩ITQ₩Picture₩
　　그림5.jpg」
　– 자르기 기능 이용

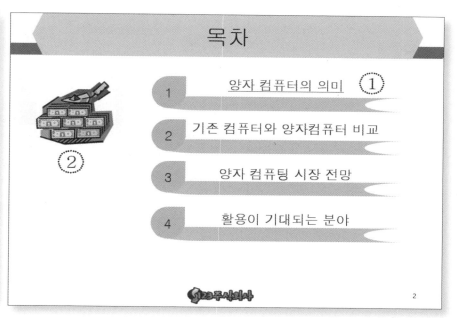

(1) 텍스트 작성 : 글머리 기호 사용(❖, ✔)

　　❖ 문단(굴림, 24pt, 굵게, 줄간격 : 1.5줄), ✔ 문단(굴림, 20pt, 줄간격 : 1.5줄)

세부조건

① 동영상 삽입 :
- 「내 PC₩문서₩ITQ₩Picture₩동영상.wmv」
- 자동실행, 반복재생 설정

1.양자 컴퓨터의 의미

❖ **Quantum computing**
　✔ Quantum computing is computing using quantum-mechanical phenomena, such as superposition and entanglement
　✔ A quantum computer is a device that performs quantum computing

❖ **양자 컴퓨터**
　✔ 얽힘이나 중첩 같은 양자역학적인 현상을 이용하여 자료를 처리하는 컴퓨터로 1982년 리차드 파인만이 처음 제시했고, 데이비드 도이치가 구체적인 양자 컴퓨터의 개념을 정리함

슬라이드 4　　**표 슬라이드**　　80점

(1) 도형과 표 작성 기능을 이용하여 슬라이드를 작성한다(글꼴 : 돋움, 18pt).

세부조건

① 상단 도형 :
　2개 도형의 조합으로 작성

② 좌측 도형 :
　그라데이션 효과(선형 아래쪽)

③ 표 스타일 :
　테마 스타일 1 - 강조 1

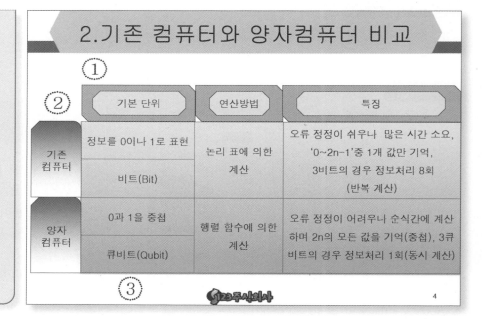

2.기존 컴퓨터와 양자컴퓨터 비교

(1) 차트 작성 기능을 이용하여 슬라이드를 작성한다.

(2) 차트 : 종류(묶은 세로 막대형), 글꼴(돋움, 16pt), 외곽선

세부조건

※ 차트설명
• 차트제목 : 궁서, 24pt, 굵게,
  채우기(흰색), 테두리,
  그림자(오프셋 위쪽)
• 차트영역 : 채우기(노랑)
  그림영역 : 채우기(흰색)
• 데이터 서식 : 국내시장 계열을 표식이 있는 꺾은선형으로 변경 후 보조축으로 지정
• 값 표시 : 2020년의 국내시장 계열만

① 도형 삽입
  – 스타일 :
    강한 효과 – 바다색, 강조5
  – 글꼴 : 굴림, 18pt

(1) 슬라이드와 같이 도형 및 스마트아트를 배치한다(글꼴 : 굴림, 18pt).

(2) 애니메이션 순서 : ① ⇒ ②

세부조건

① 도형 및 스마트아트 편집
  – 스마트아트 디자인
    : 3차원 경사, 3차원 만화
  – 그룹화 후 애니메이션 효과
    : 나누기(세로 바깥쪽으로)

② 도형 편집
  – 그룹화 후 애니메이션 효과
    : 시계 방향 회전

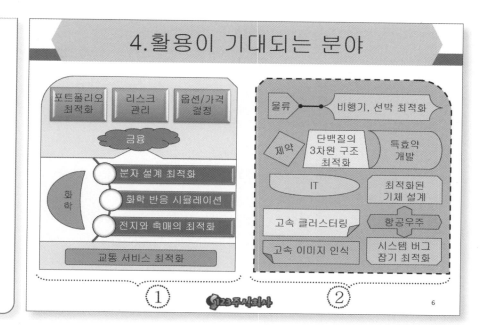

제11회 정보기술자격(ITQ) 시험

과 목	코 드	문제유형	시험시간	수험번호	성 명
한글파워포인트	1142	B	60분		

전체구성

(1) 슬라이드 크기 및 순서 : 크기를 A4 용지로 설정하고 슬라이드 순서에 맞게 작성한다.

(2) 슬라이드 마스터 : 2∼6슬라이드의 제목, 하단 로고, 슬라이드 번호는 슬라이드 마스터를 이용하여 작성한다.
  – 제목 글꼴(굴림, 40pt, 흰색), 가운데 맞춤, 도형(선 없음)
  – 하단 로고(「내 PC₩문서₩ITQ₩Picture₩로고2.jpg」, 배경(회색) 투명색으로 설정)

슬라이드 1   표지 디자인

(40점)

(1) 표지 디자인 : 도형, 워드아트 및 그림을 이용하여 작성한다.

세부조건

① 도형 편집
  – 도형에 그림 채우기 :
    「내 PC₩문서₩ITQ₩Picture₩
    그림2.jpg」, 투명도 30%
  – 도형 효과 :
    (부드러운 가장자리 5포인트)

② 워드아트 삽입
  – 변환 : 수축
  – 글꼴 : 궁서, 굵게
  – 텍스트 반사 : 근접 반사,
    8pt 오프셋

③ 그림 삽입
  – 「내 PC₩문서₩ITQ₩Picture₩
    로고2.jpg」
  – 배경(회색) 투명색으로 설정

슬라이드 2   목차 슬라이드

(60점)

(1) 출력형태와 같이 도형을 이용하여 목차를 작성한다(글꼴 : 돋움, 24pt).

(2) 도형 : 선 없음

세부조건

① 텍스트에 하이퍼링크 적용
  –〉 '슬라이드 3'

② 그림 삽입
  – 「내 PC₩문서₩ITQ₩Picture₩
    그림5.jpg」
  – 자르기 기능 이용

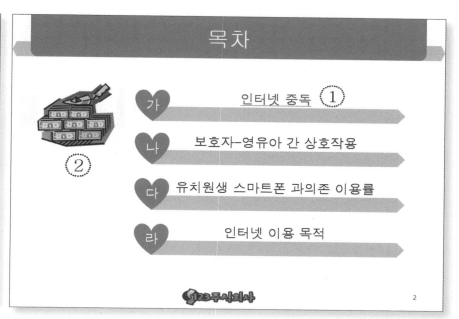

(1) 텍스트 작성 : 글머리 기호 사용(❖, ✔)

　　❖ 문단(굴림, 24pt, 굵게, 줄간격 : 1.5줄), ✔ 문단(굴림, 20pt, 줄간격 : 1.5줄)

세부조건

① 동영상 삽입 :
　– 「내 PC₩문서₩ITQ₩Picture₩
　　동영상.wmv」
　– 자동실행, 반복재생 설정

가.인터넷 중독

❖ **Internet Addiction Test**

　✔ The Internet Addiction Test is the first validated and reliable measure of addictive use of the Internet

　✔ How do you know if you're already addicted or rapidly tumbling toward trouble

❖ **인터넷 중독**

　✔ 과다한 인터넷 이용으로 인해 가정, 학교, 사회에서 수행해야 할 일들에 지장이 생기거나 일상생활의 유지가 불가능한 상태로 습관적 행위로 굳어짐

3

---

(1) 도형과 표 작성 기능을 이용하여 슬라이드를 작성한다(글꼴 : 돋움, 18pt).

세부조건

① 상단 도형 :
　2개 도형의 조합으로 작성

② 좌측 도형 :
　그라데이션 효과(선형 아래쪽)

③ 표 스타일 :
　테마 스타일 1 – 강조 1

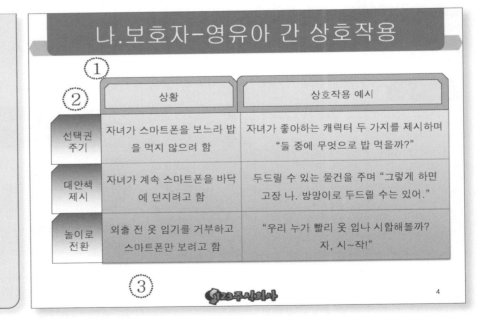

4

(1) 차트 작성 기능을 이용하여 슬라이드를 작성한다.

(2) 차트 : 종류(묶은 세로 막대형), 글꼴(돋움, 16pt), 외곽선

세부조건

※ 차트설명
- 차트제목 : 궁서, 24pt, 굵게, 채우기(흰색), 테두리, 그림자(오프셋 위쪽)
- 차트영역 : 채우기(노랑) 그림영역 : 채우기(흰색)
- 데이터 서식 : 과의존 위험군 계열을 표식이 있는 꺾은선형으로 변경 후 보조축으로 지정
- 값 표시 : SNS의 과의존 위험군 계열만

① 도형 삽입
- 스타일 :
  미세 효과 – 주황, 강조6
- 글꼴 : 굴림, 18pt

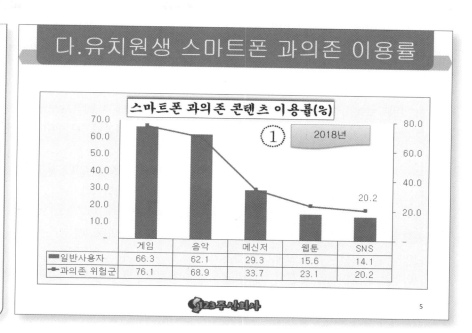

(1) 슬라이드와 같이 도형 및 스마트아트를 배치한다(글꼴 : 굴림, 18pt).

(2) 애니메이션 순서 : ① ⇒ ②

세부조건

① 도형 및 스마트아트 편집
- 스마트아트 디자인
  : 3차원 경사, 3차원 만화
- 그룹화 후 애니메이션 효과
  : 나누기(세로 바깥쪽으로)

② 도형 편집
- 그룹화 후 애니메이션 효과
  : 시계 방향 회전

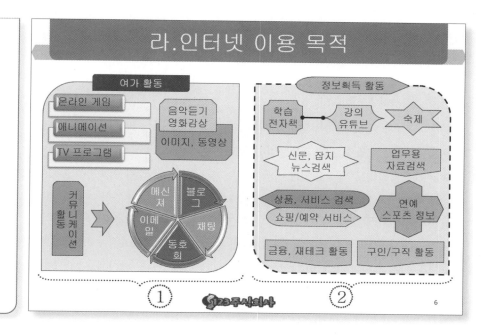

제12회 정보기술자격(ITQ) 시험

과 목	코 드	문제유형	시험시간	수험번호	성 명
한글파워포인트	1142	B	60분		

x

수험자 유의사항

- 수험자는 문제지를 받는 즉시 문제지와 **수험표상의 시험과목(프로그램)이 동일한지 반드시 확인**하여야 합니다.
- 파일명은 본인의 "수험번호−성명"으로 입력하여 답안폴더(내 PC₩문서₩ITQ)에 하나의 파일로 저장해야 하며, 답안문서 파일명이 "수험번호−성명"과 일치하지 않거나, 답안파일을 전송하지 않아 미제출로 처리될 경우 실격 처리합니다 (예:12345678−홍길동.pptx).
- 답안 작성을 마치면 파일을 저장하고, '답안 전송' 버튼을 선택하여 감독위원 PC로 답안을 전송하십시오. 수험생 정보와 저장한 파일명이 다를 경우 전송되지 않으므로 주의하시기 바랍니다.
- 답안 작성 중에도 **주기적으로 저장하고, '답안 전송'**하여야 문제 발생을 줄일 수 있습니다. 작업한 내용을 저장하지 않고 전송할 경우 이전에 저장된 내용이 전송되오니 이점 유의하시기 바랍니다.
- 답안문서는 지정된 경로 외의 다른 보조기억장치에 저장하는 경우, 지정된 시험 시간 외에 작성된 파일을 활용할 경우, 기타 통신수단(이메일, 메신저, 네트워크 등)을 이용하여 타인에게 전달 또는 외부 반출하는 경우는 부정 처리합니다.
- 시험 중 부주의 또는 고의로 시스템을 파손한 경우는 수험자가 변상해야 하며, 〈수험자 유의사항〉에 기재된 방법대로 이행하지 않아 생기는 불이익은 수험생 당사자의 책임임을 알려 드립니다.
- 문제의 조건은 MS오피스 2016 버전으로 설정되어 있으니 유의하시기 바랍니다.
- 시험을 완료한 수험자는 답안파일이 전송되었는지 확인한 후 감독위원의 지시에 따라 문제지를 제출하고 퇴실합니다.

답안 작성요령

- 온라인 답안 작성 절차

  수험자 등록 ⇒ 시험 시작 ⇒ 답안파일 저장 ⇒ 답안 전송 ⇒ 시험 종료
- 슬라이드의 크기는 A4 Paper로 설정하여 작성합니다.
- 슬라이드의 총 개수는 6개로 구성되어 있으며 슬라이드 1부터 순서대로 작업하고 반드시 문제와 세부 조건대로 합니다.
- 별도의 지시사항이 없는 경우 출력형태를 참조하여 글꼴색은 검정 또는 흰색으로 작성하고, 기타사항은 전체적인 균형을 고려하여 작성합니다.
- 슬라이드 도형 및 개체에 출력형태와 다른 스타일 (그림자 , 외곽선 등)을 적용했을 경우 감점처리 됩니다.
- 슬라이드 번호를 작성합니다(슬라이드 1에는 생략).
- 2∼6번 슬라이드 제목 도형과 하단 로고는 슬라이드 마스터를 이용하여 출력형태와 동일하게 작성합니다(슬라이드 1에는 생략).
- 문제와 세부조건, 세부조건 번호 ◌ (점선원)는 입력하지 않습니다.
- 각 개체의 위치는 오른쪽의 슬라이드와 동일하게 구성합니다.
- 그림 삽입 문제의 경우 반드시 「내 PC₩문서₩ITQ₩Picture」 폴더에서 정확한 파일을 선택하여 삽입하십시오.
- 각 슬라이드를 각각의 파일로 작업해서 저장할 경우 실격 처리됩니다.

The Insight KPC
kpc 한국생산성본부

전체구성

(1) 슬라이드 크기 및 순서 : 크기를 A4 용지로 설정하고 슬라이드 순서에 맞게 작성한다.

(2) 슬라이드 마스터 : 2~6슬라이드의 제목, 하단 로고, 슬라이드 번호는 슬라이드 마스터를 이용하여 작성한다.

   – 제목 글꼴(굴림, 40pt, 흰색), 가운데 맞춤, 도형(선 없음)

   – 하단 로고(「내 PC₩문서₩ITQ₩Picture₩로고2.jpg」, 배경(회색) 투명색으로 설정)

슬라이드 1   표지 디자인

(1) 표지 디자인 : 도형, 워드아트 및 그림을 이용하여 작성한다.

세부조건

① 도형 편집
- 도형에 그림 채우기 :
「내 PC₩문서₩ITQ₩Picture₩
그림1.jpg」, 투명도 50%
- 도형 효과 :
(부드러운 가장자리 5포인트)

② 워드아트 삽입
- 변환 : 물결 1
- 글꼴 : 돋움, 굵게
- 텍스트 반사 : 근접 반사, 8pt 오프셋

③ 그림 삽입
- 「내 PC₩문서₩ITQ₩Picture₩
로고2.jpg」
- 배경(회색) 투명색으로 설정

슬라이드 2   목차 슬라이드

(1) 출력형태와 같이 도형을 이용하여 목차를 작성한다(글꼴 : 돋움, 24pt).

(2) 도형 : 선 없음

세부조건

① 텍스트에 하이퍼링크 적용
  –> '슬라이드 3'

② 그림 삽입
- 「내 PC₩문서₩ITQ₩Picture₩
그림5.jpg」
- 자르기 기능 이용

(1) 텍스트 작성 : 글머리 기호 사용(❖, ✓)

❖ 문단(굴림, 24pt, 굵게, 줄간격 : 1.5줄), ✓ 문단(굴림, 20pt, 줄간격 : 1.5줄)

세부조건

① 동영상 삽입 :
- 「내 PC₩문서₩ITQ₩Picture₩
  동영상.wmv」
- 자동실행, 반복재생 설정

ⅰ.공룡의 정의

❖ **Characteristics of dinosaurs**
  ✓ Dinosaurs strong yet light-weight bones and long tails that helped their balance allowed these huge creatures to move around gracefully in upright postures
❖ **공룡의 정의**
  ✓ 중생대에 번성했던 육상 파충류의 한 집단으로 육지와 바다(어룡), 하늘(익룡)까지 진화를 거듭하면서 번성
  ✓ 모든 대륙의 다양한 환경에서 화석으로 발견

123주식회사　　3

---

(1) 도형과 표 작성 기능을 이용하여 슬라이드를 작성한다(글꼴 : 돋움, 18pt).

세부조건

① 상단 도형 :
  2개 도형의 조합으로 작성

② 좌측 도형 :
  그라데이션 효과(선형 아래쪽)

③ 표 스타일 :
  테마 스타일 1 – 강조 1

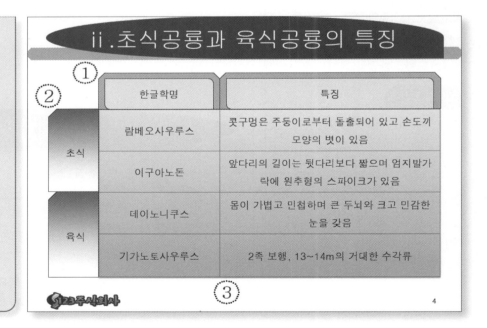

ⅱ.초식공룡과 육식공룡의 특징

	한글학명	특징
초식	람베오사우루스	콧구멍은 주둥이로부터 돌출되어 있고 손도끼 모양의 볏이 있음
초식	이구아노돈	앞다리의 길이는 뒷다리보다 짧으며 엄지발가락에 원추형의 스파이크가 있음
육식	데이노니쿠스	몸이 가볍고 민첩하며 큰 두뇌와 크고 민감한 눈을 갖음
육식	기가노토사우루스	2족 보행, 13~14m의 거대한 수각류

123주식회사　　4

(1) 차트 작성 기능을 이용하여 슬라이드를 작성한다.

(2) 차트 : 종류(묶은 세로 막대형), 글꼴(돋움, 16pt), 외곽선

세부조건

※ 차트설명
- 차트제목 : 궁서, 24pt, 굵게, 채우기(흰색), 테두리, 그림자(오프셋 위쪽)
- 차트영역 : 채우기(노랑) 그림영역 : 채우기(흰색)
- 데이터 서식 : 다스플레토사우루스 계열을 표식이 있는 꺾은선형으로 변경 후 보조 축으로 지정
- 값 표시 : 25세의 다스플레토사우루스 계열만

① 도형 삽입
- 스타일 : 색 채우기 – 바다색, 강조5
- 글꼴 : 굴림, 18pt

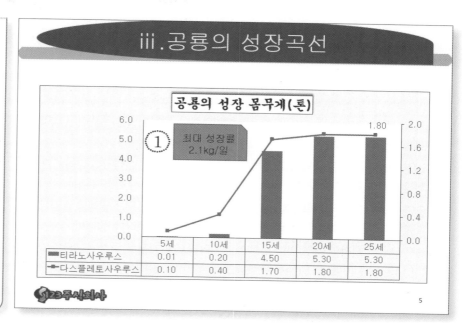

슬라이드 6 **도형 슬라이드** (100점)

(1) 슬라이드와 같이 도형 및 스마트아트를 배치한다(글꼴 : 굴림, 18pt).

(2) 애니메이션 순서 : ① ⇒ ②

세부조건

① 도형 및 스마트아트 편집
- 스마트아트 디자인 : 3차원 경사, 3차원 만화
- 그룹화 후 애니메이션 효과 : 펄스

② 도형 편집
- 그룹화 후 애니메이션 효과 : 시계 방향 회전

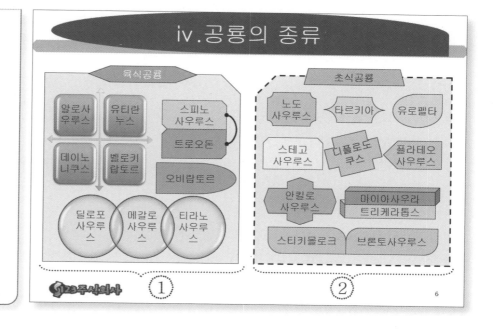

제13회 정보기술자격(ITQ) 시험

과 목	코 드	문제유형	시험시간	수험번호	성 명
한글파워포인트	1142	B	60분		

전체구성

(1) 슬라이드 크기 및 순서 : 크기를 A4 용지로 설정하고 슬라이드 순서에 맞게 작성한다.

(2) 슬라이드 마스터 : 2～6슬라이드의 제목, 하단 로고, 슬라이드 번호는 슬라이드 마스터를 이용하여 작성한다.
- 제목 글꼴(돋움, 40pt, 흰색), 가운데 맞춤, 도형(선 없음)
- 하단 로고(「내 PC\문서\ITQ\Picture\로고2.jpg」, 배경(회색) 투명색으로 설정)

슬라이드 1   표지 디자인

(1) 표지 디자인 : 도형, 워드아트 및 그림을 이용하여 작성한다.

세부조건

① 도형 편집
- 도형에 그림 채우기 :
「내 PC\문서\ITQ\Picture\
그림2.jpg」, 투명도 50%
- 도형 효과 :
(부드러운 가장자리 10포인트)

② 워드아트 삽입
- 변환 : 물결 1
- 글꼴 : 궁서, 굵게
- 텍스트 반사 : 1/2 반사, 8pt 오프셋

③ 그림 삽입
- 「내 PC\문서\ITQ\Picture\
로고2.jpg」
- 배경(회색) 투명색으로 설정

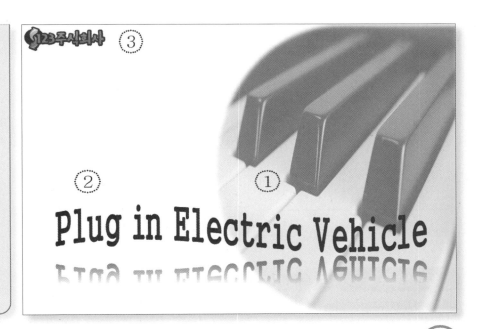

슬라이드 2   목차 슬라이드

(1) 출력형태와 같이 도형을 이용하여 목차를 작성한다(글꼴 : 돋움, 24pt).

(2) 도형 : 선 없음

세부조건

① 텍스트에 하이퍼링크 적용
-> '슬라이드 6'

② 그림 삽입
- 「내 PC\문서\ITQ\Picture\
그림4.jpg」
- 자르기 기능 이용

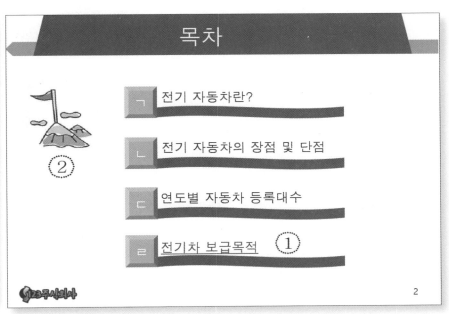

(1) 텍스트 작성 : 글머리 기호 사용(❖, ✔)

❖ 문단(굴림, 24pt, 굵게, 줄간격 : 1.5줄), ✔ 문단(굴림, 20pt, 줄간격 : 1.5줄)

세부조건

① 동영상 삽입 :
- 「내 PC₩문서₩ITQ₩Picture₩
동영상.wmv」
- 자동실행, 반복재생 설정

ㄱ.전기 자동차란?

❖ **Electric Vehicle**

✔ Refers to a car that uses an electric battery and an electric motor without using oil fuel and engine

✔ They can reach maximum acceleration in half the time of a normal car

①

❖ **전기 자동차**

✔ 배기가스 배출이나 소음이 거의 없으며 무거운 중량 및 충전에 걸리는 시간이 오래 걸려 실용화되지 못하다가 환경오염과 자원부족 문제로 개발 경쟁이 치열해지고 있음

123주식회사　　3

---

(1) 도형과 표 작성 기능을 이용하여 슬라이드를 작성한다(글꼴 : 돋움, 18pt).

세부조건

① 상단 도형 :
2개 도형의 조합으로 작성

② 좌측 도형 :
그라데이션 효과(선형 아래쪽)

③ 표 스타일 :
테마 스타일 1 – 강조 1

ㄴ.전기 자동차의 장점 및 단점

①

②

	장점	단점
전지식 전기	CO2를 배출하지 않으며 소음이 적고 진동이 적음	고가의 전지가 필요 차량 가격 비쌈
플러그 인 하이브리드	대형 승용차에 우월한 연비 가솔린 차와 동등 이상의 항속성능	대형차는 사용 불가능 전기 자동차와 가솔린 자동차의 전환 기구가 필요
수소 연료전지	CO2를 배출하지 않음 수소는 물에서 무한대로 생산	인프라 정비에 비용이 들며 연료 전지 교환 필요

123주식회사　　③　　4

(1) 차트 작성 기능을 이용하여 슬라이드를 작성한다.

(2) 차트 : 종류(묶은 세로 막대형), 글꼴(돋움, 16pt), 외곽선

세부조건

※ 차트설명
• 차트제목 : 궁서, 24pt, 굵게,
  채우기(흰색), 테두리,
  그림자(오프셋 오른쪽)
• 차트영역 : 채우기(노랑)
  그림영역 : 채우기(흰색)
• 데이터 서식 : 대수(만대) 계열을 표식이 있
  는 꺾은선형으로 변경 후 보조축으로 지정
• 값 표시 : 2018년 대수(만대) 계열만

① 도형 삽입
  – 스타일 :
    미세 효과 – 바다색, 강조5
  – 글꼴 : 돋움, 18pt

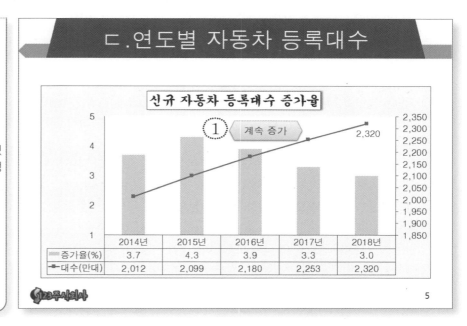

슬라이드 6   도형 슬라이드   (100점)

(1) 슬라이드와 같이 도형 및 스마트아트를 배치한다(글꼴 : 굴림, 18pt).

(2) 애니메이션 순서 : ① ⇒ ②

세부조건

① 도형 및 스마트아트 편집
  – 스마트아트 디자인
    : 3차원 만화, 3차원 경사
  – 그룹화 후 애니메이션 효과
    : 바운드

② 도형 편집
  – 그룹화 후 애니메이션 효과
    : 블라인드(세로)

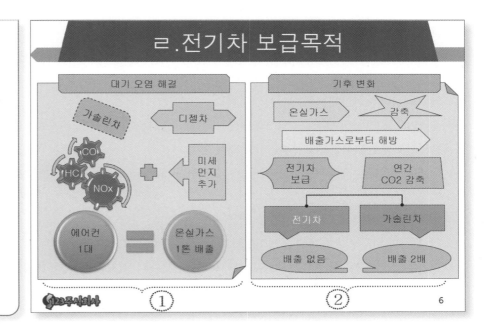

제14회 정보기술자격(ITQ) 시험

과 목	코 드	문제유형	시험시간	수험번호	성 명
한글파워포인트	1142	B	60분		

수험자 유의사항

- 수험자는 문제지를 받는 즉시 문제지와 **수험표상의 시험과목(프로그램)이 동일한지 반드시 확인**하여야 합니다.
- 파일명은 본인의 "수험번호─성명"으로 입력하여 답안폴더(내 PC₩문서₩ITQ)에 하나의 파일로 저장해야 하며, 답안문서 파일명이 "수험번호─성명"과 일치하지 않거나, 답안파일을 전송하지 않아 미제출로 처리될 경우 실격 처리합니다 (예:12345678─홍길동.pptx).
- 답안 작성을 마치면 파일을 저장하고, '답안 전송' 버튼을 선택하여 감독위원 PC로 답안을 전송하십시오. 수험생 정보와 저장한 파일명이 다를 경우 전송되지 않으므로 주의하시기 바랍니다.
- 답안 작성 중에도 **주기적으로 저장하고, '답안 전송'**하여야 문제 발생을 줄일 수 있습니다. 작업한 내용을 저장하지 않고 전송할 경우 이전에 저장된 내용이 전송되오니 이점 유의하시기 바랍니다.
- 답안문서는 지정된 경로 외의 다른 보조기억장치에 저장하는 경우, 지정된 시험 시간 외에 작성된 파일을 활용할 경우, 기타 통신수단(이메일, 메신저, 네트워크 등)을 이용하여 타인에게 전달 또는 외부 반출하는 경우는 부정 처리합니다.
- 시험 중 부주의 또는 고의로 시스템을 파손한 경우는 수험자가 변상해야 하며, 〈수험자 유의사항〉에 기재된 방법대로 이행하지 않아 생기는 불이익은 수험생 당사자의 책임임을 알려 드립니다.
- 문제의 조건은 MS오피스 2016 버전으로 설정되어 있으니 유의하시기 바랍니다.
- 시험을 완료한 수험자는 답안파일이 전송되었는지 확인한 후 감독위원의 지시에 따라 문제지를 제출하고 퇴실합니다.

답안 작성요령

- 온라인 답안 작성 절차
  수험자 등록 ⇒ 시험 시작 ⇒ 답안파일 저장 ⇒ 답안 전송 ⇒ 시험 종료
- 슬라이드의 크기는 A4 Paper로 설정하여 작성합니다.
- 슬라이드의 총 개수는 6개로 구성되어 있으며 슬라이드 1부터 순서대로 작업하고 반드시 문제와 세부 조건대로 합니다.
- 별도의 지시사항이 없는 경우 출력형태를 참조하여 글꼴색은 검정 또는 흰색으로 작성하고, 기타사항은 전체적인 균형을 고려하여 작성합니다.
- 슬라이드 도형 및 개체에 출력형태와 다른 스타일 (그림자 , 외곽선 등)을 적용했을 경우 감점처리 됩니다.
- 슬라이드 번호를 작성합니다(슬라이드 1에는 생략).
- 2~6번 슬라이드 제목 도형과 하단 로고는 슬라이드 마스터를 이용하여 출력형태와 동일하게 작성합니다(슬라이드 1에는 생략).
- 문제와 세부조건, 세부조건 번호 ◌(점선원)는 입력하지 않습니다.
- 각 개체의 위치는 오른쪽의 슬라이드와 동일하게 구성합니다.
- 그림 삽입 문제의 경우 반드시 「내 PC₩문서₩ITQ₩Picture」 폴더에서 정확한 파일을 선택하여 삽입하십시오.
- 각 슬라이드를 각각의 파일로 작업해서 저장할 경우 실격 처리됩니다.

전체구성

(1) 슬라이드 크기 및 순서 : 크기를 A4 용지로 설정하고 슬라이드 순서에 맞게 작성한다.

(2) 슬라이드 마스터 : 2~6슬라이드의 제목, 하단 로고, 슬라이드 번호는 슬라이드 마스터를 이용하여 작성한다.
  – 제목 글꼴(맑은 고딕, 40pt, 흰색), 가운데 맞춤, 도형(선 없음)
  – 하단 로고(「내 PC\문서\ITQ\Picture\로고2.jpg」, 배경(회색) 투명색으로 설정)

슬라이드 1   표지 디자인

(1) 표지 디자인 : 도형, 워드아트 및 그림을 이용하여 작성한다.

세부조건

① 도형 편집
  – 도형에 그림 채우기 :
    「내 PC\문서\ITQ\Picture\
    그림2.jpg」, 투명도 50%
  – 도형 효과 :
    (부드러운 가장자리 5포인트)

② 워드아트 삽입
  – 변환 : 아래쪽 수축
  – 글꼴 : 궁서, 굵게
  – 텍스트 반사 : 1/2 반사, 8pt 오프셋

③ 그림 삽입
  – 「내 PC\문서\ITQ\Picture\
    로고2.jpg」
  – 배경(회색) 투명색으로 설정

슬라이드 2   목차 슬라이드

(1) 출력형태와 같이 도형을 이용하여 목차를 작성한다(글꼴 : 돋움, 24pt).

(2) 도형 : 선 없음

세부조건

① 텍스트에 하이퍼링크 적용
  –> '슬라이드 6'

② 그림 삽입
  – 「내 PC\문서\ITQ\Picture\
    그림4.jpg」
  – 자르기 기능 이용

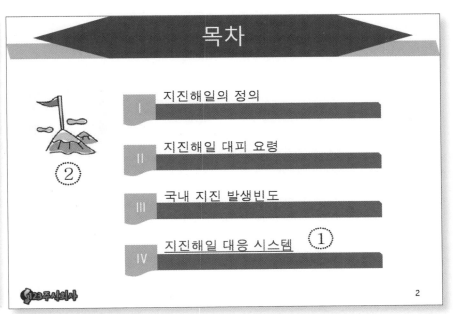

(1) 텍스트 작성 : 글머리 기호 사용(❖, ✔)

❖ 문단(굴림, 24pt, 굵게, 줄간격 : 1.5줄), ✔ 문단(굴림, 20pt, 줄간격 : 1.5줄)

세부조건

① 동영상 삽입 :
  - 「내 PC₩문서₩ITQ₩Picture₩ 동영상.wmv」
  - 자동실행, 반복재생 설정

Ⅰ.지진해일의 정의

❖ **Risk of Tsunamis**

  ✔ A kind of long wave occurred in ocean

  ✔ It has super mighty power than the same kind of flowing and ebbing tide or storm surge

❖ **지진해일의 정의**

  ✔ 지진, 해저 화산폭발 등으로 바다에서 발생하는 파장이 긴 파도로 지진에 의해 바다 밑바닥이 솟아오르거나 가라앉으면 바로 위의 바닷물이 갑자기 상승 또는 하강하면서 해안가에 피해를 일으킴

3

(1) 도형과 표 작성 기능을 이용하여 슬라이드를 작성한다(글꼴 : 돋움, 18pt).

세부조건

① 상단 도형 :
  2개 도형의 조합으로 작성

② 좌측 도형 :
  그라데이션 효과(선형 아래쪽)

③ 표 스타일 :
  테마 스타일 1 – 강조 1

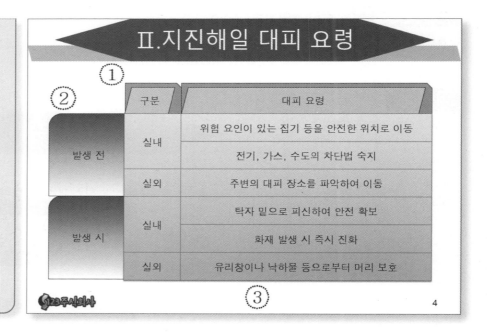

Ⅱ.지진해일 대피 요령

구분		대피 요령
발생 전	실내	위험 요인이 있는 집기 등을 안전한 위치로 이동
		전기, 가스, 수도의 차단법 숙지
	실외	주변의 대피 장소를 파악하여 이동
발생 시	실내	탁자 밑으로 피신하여 안전 확보
		화재 발생 시 즉시 진화
	실외	유리창이나 낙하물 등으로부터 머리 보호

4

슬라이드 5   차트 슬라이드

(1) 차트 작성 기능을 이용하여 슬라이드를 작성한다.

(2) 차트 : 종류(묶은 세로 막대형), 글꼴(돋움, 16pt), 외곽선

세부조건

※ 차트설명

• 차트제목 : 궁서, 24pt, 굵게,
채우기(흰색), 테두리,
그림자(오프셋 오른쪽)

• 차트영역 : 채우기(노랑)
그림영역 : 채우기(흰색)

• 데이터 서식 : 유감횟수 계열을 표식이 있
는 꺾은선형으로 변경 후 보조축으로 지정

• 값 표시 : 2018년의 유감횟수 계열만

① 도형 삽입

– 스타일 :
미세 효과 – 파랑, 강조1

– 글꼴 : 돋움, 18pt

슬라이드 6   도형 슬라이드

(1) 슬라이드와 같이 도형 및 스마트아트를 배치한다(글꼴 : 굴림, 18pt).

(2) 애니메이션 순서 : ① ⇒ ②

세부조건

① 도형 및 스마트아트 편집

– 스마트아트 디자인

: 3차원 만화, 3차원 경사

– 그룹화 후 애니메이션 효과

: 바운드

② 도형 편집

– 그룹화 후 애니메이션 효과

: 나누기(가로 안쪽으로)

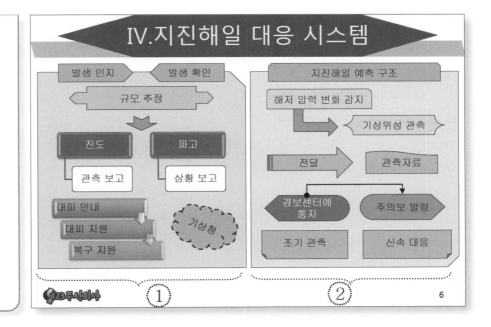

제15회 정보기술자격(ITQ) 시험

과 목	코 드	문제유형	시험시간	수험번호	성 명
한글파워포인트	1142	B	60분		

- 수험자는 문제지를 받는 즉시 문제지와 **수험표상의 시험과목(프로그램)이 동일한지 반드시 확인**하여야 합니다.
- 파일명은 본인의 "수험번호−성명"으로 입력하여 답안폴더(내 PC\문서\ITQ)에 하나의 파일로 저장해야 하며, 답안문서 파일명이 "수험번호−성명"과 일치하지 않거나, 답안파일을 전송하지 않아 미제출로 처리될 경우 실격 처리합니다 (예:12345678−홍길동.pptx).
- 답안 작성을 마치면 파일을 저장하고, '답안 전송' 버튼을 선택하여 감독위원 PC로 답안을 전송하십시오. 수험생 정보와 저장한 파일명이 다를 경우 전송되지 않으므로 주의하시기 바랍니다.
- 답안 작성 중에도 **주기적으로 저장하고, '답안 전송'**하여야 문제 발생을 줄일 수 있습니다. 작업한 내용을 저장하지 않고 전송할 경우 이전에 저장된 내용이 전송되오니 이점 유의하시기 바랍니다.
- 답안문서는 지정된 경로 외의 다른 보조기억장치에 저장하는 경우, 지정된 시험 시간 외에 작성된 파일을 활용할 경우, 기타 통신수단(이메일, 메신저, 네트워크 등)을 이용하여 타인에게 전달 또는 외부 반출하는 경우는 부정 처리합니다.
- 시험 중 부주의 또는 고의로 시스템을 파손한 경우는 수험자가 변상해야 하며, 〈수험자 유의사항〉에 기재된 방법대로 이행하지 않아 생기는 불이익은 수험생 당사자의 책임임을 알려 드립니다.
- 문제의 조건은 MS오피스 2016 버전으로 설정되어 있으니 유의하시기 바랍니다.
- 시험을 완료한 수험자는 답안파일이 전송되었는지 확인한 후 감독위원의 지시에 따라 문제지를 제출하고 퇴실합니다.

- 온라인 답안 작성 절차
  수험자 등록 ⇒ 시험 시작 ⇒ 답안파일 저장 ⇒ 답안 전송 ⇒ 시험 종료
- 슬라이드의 크기는 A4 Paper로 설정하여 작성합니다.
- 슬라이드의 총 개수는 6개로 구성되어 있으며 슬라이드 1부터 순서대로 작업하고 반드시 문제와 세부 조건대로 합니다.
- 별도의 지시사항이 없는 경우 출력형태를 참조하여 글꼴색은 검정 또는 흰색으로 작성하고, 기타사항은 전체적인 균형을 고려하여 작성합니다.
- 슬라이드 도형 및 개체에 출력형태와 다른 스타일 (그림자 , 외곽선 등)을 적용했을 경우 감점처리 됩니다.
- 슬라이드 번호를 작성합니다(슬라이드 1에는 생략).
- 2~6번 슬라이드 제목 도형과 하단 로고는 슬라이드 마스터를 이용하여 출력형태와 동일하게 작성합니다(슬라이드 1에는 생략).
- 문제와 세부조건, 세부조건 번호 ◯ (점선원)는 입력하지 않습니다.
- 각 개체의 위치는 오른쪽의 슬라이드와 동일하게 구성합니다.
- 그림 삽입 문제의 경우 반드시 「내 PC\문서\ITQ\Picture」 폴더에서 정확한 파일을 선택하여 삽입하십시오.
- 각 슬라이드를 각각의 파일로 작업해서 저장할 경우 실격 처리됩니다.

kpc The Insight KPC 한국생산성본부

전체구성

(1) 슬라이드 크기 및 순서 : 크기를 A4 용지로 설정하고 슬라이드 순서에 맞게 작성한다.

(2) 슬라이드 마스터 : 2~6슬라이드의 제목, 하단 로고, 슬라이드 번호는 슬라이드 마스터를 이용하여 작성한다.
   – 제목 글꼴(맑은 고딕, 40pt, 검정), 가운데 맞춤, 도형(선 없음)
   – 하단 로고(「내 PC₩문서₩ITQ₩Picture₩로고2.jpg」, 배경(회색) 투명색으로 설정)

슬라이드 1   표지 디자인

40 점

(1) 표지 디자인 : 도형, 워드아트 및 그림을 이용하여 작성한다.

세부조건

① 도형 편집
   – 도형에 그림 채우기 :
   「내 PC₩문서₩ITQ₩Picture₩
   그림1.jpg」, 투명도 50%
   – 도형 효과 :
   (부드러운 가장자리 5포인트)

② 워드아트 삽입
   – 변환 : 아래쪽 수축
   – 글꼴 : 궁서, 굵게
   – 텍스트 반사 : 1/2 반사, 8pt 오프셋

③ 그림 삽입
   –「내 PC₩문서₩ITQ₩Picture₩
   로고2.jpg」
   – 배경(회색) 투명색으로 설정

슬라이드 2   목차 슬라이드

60 점

(1) 출력형태와 같이 도형을 이용하여 목차를 작성한다(글꼴 : 돋움, 24pt).

(2) 도형 : 선 없음

세부조건

① 텍스트에 하이퍼링크 적용
   → '슬라이드 6'

② 그림 삽입
   –「내 PC₩문서₩ITQ₩Picture₩
   그림4.jpg」
   – 자르기 기능 이용

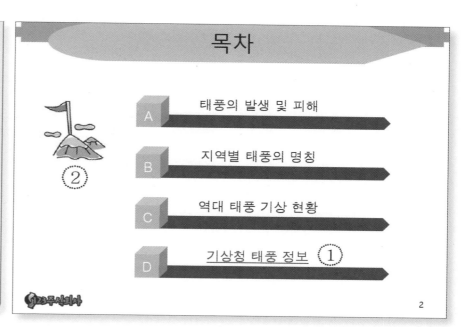

(1) 텍스트 작성 : 글머리 기호 사용(❖, ✔)

❖ 문단(굴림, 24pt, 굵게, 줄간격 : 1.5줄), ✔ 문단(굴림, 20pt, 줄간격 : 1.5줄)

세부조건

① 동영상 삽입 :
– 「내 PC₩문서₩ITQ₩Picture₩
동영상.wmv」
– 자동실행, 반복재생 설정

A.태풍의 발생 및 피해

❖ **Tropical Cyclone**

✔ In meteorology, a tropical cyclone(typhoon or hurricane, depending on strength and location) is a type of low pressure system which generally forms in the tropics

❖ **태풍**

①

✔ 태풍은 열대 저기압으로 해수면의 온도가 27도 이상인 해역에서 발생

✔ 태풍이 접근하면 폭풍과 호우로 수목이 꺾이거나, 산사태 및 하천이 범람하는 등의 피해가 있을 수 있다.

3

---

(1) 도형과 표 작성 기능을 이용하여 슬라이드를 작성한다(글꼴 : 돋움, 18pt).

세부조건

① 상단 도형 :
2개 도형의 조합으로 작성

② 좌측 도형 :
그라데이션 효과(선형 아래쪽)

③ 표 스타일 :
테마 스타일 1 – 강조 1

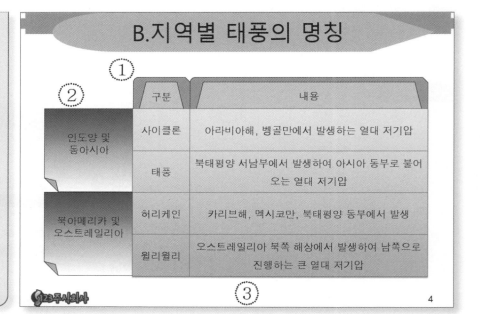

B.지역별 태풍의 명칭

구분		내용
인도양 및 동아시아	사이클론	아라비아해, 벵골만에서 발생하는 열대 저기압
	태풍	북태평양 서남부에서 발생하여 아시아 동부로 불어오는 열대 저기압
북아메리카 및 오스트레일리아	허리케인	카리브해, 멕시코만, 북태평양 동부에서 발생
	윌리윌리	오스트레일리아 북쪽 해상에서 발생하여 남쪽으로 진행하는 큰 열대 저기압

4

(1) 차트 작성 기능을 이용하여 슬라이드를 작성한다.

(2) 차트 : 종류(묶은 세로 막대형), 글꼴(돋움, 16pt), 외곽선

세부조건

※ 차트설명
• 차트제목 : 궁서, 24pt, 굵게,
 채우기(흰색), 테두리,
 그림자(오프셋 오른쪽)
• 차트영역 : 채우기(노랑)
 그림영역 : 채우기(흰색)
• 데이터 서식 : 최대 풍속 계열을 표식이 있
 는 꺾은선형으로 변경 후 보조축으로 지정
• 값 표시 : 5위의 최대 풍속 계열만

① 도형 삽입
 – 스타일 :
  보통 효과 – 바다색, 강조5
 – 글꼴 : 돋움, 18pt

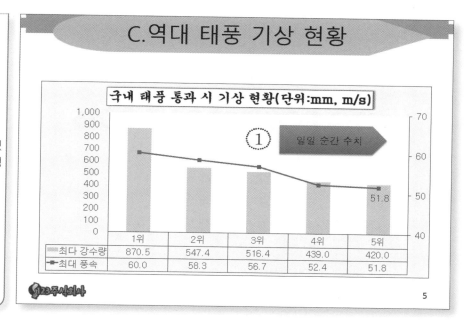

(1) 슬라이드와 같이 도형 및 스마트아트를 배치한다(글꼴 : 굴림, 18pt).

(2) 애니메이션 순서 : ① ⇒ ②

세부조건

① 도형 및 스마트아트 편집
 – 스마트아트 디자인
  : 3차원 만화, 3차원 경사
 – 그룹화 후 애니메이션 효과
  : 바운드

② 도형 편집
 – 그룹화 후 애니메이션 효과
  : 바둑판 무늬(아래쪽)

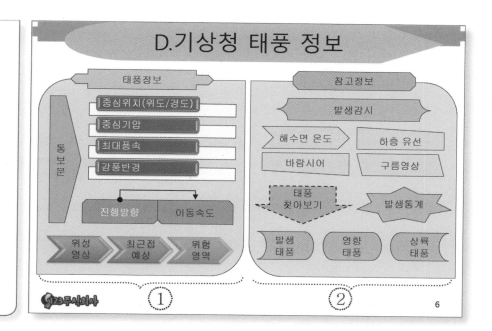

ITQ POWERPOINT 2016

2020년 6월 20일 초판 1쇄 발행
2021년 4월 10일 초판 2쇄 인쇄
2021년 4월 20일 초판 2쇄 발행

펴낸곳 ㅣ (주) 교학사

펴낸이 ㅣ 양진오

저자 ㅣ 장미희

기획 ㅣ 교학사 정보산업부

진행 · 디자인 ㅣ 이승하

주소 ㅣ (공장)서울특별시 금천구 가산디지털1로 42 (가산동)

(사무소)서울특별시 마포구 마포대로14길 4 (공덕동)

전화 ㅣ 02-707-5310(편집), 707-5147(영업)

등록 ㅣ 1962년 6월 26일 〈18-7〉

교학사 홈페이지 http://www.kyohak.co.kr